CAIXA TÁTIL-SONORA

UM PROCESSO EDUCATIVO

Editora Appris Ltda.
1.ª Edição - Copyright© 2023 dos autores

Catalogação na Fonte
Elaborado por: Josefina A. S. Guedes
Bibliotecária CRB 9/870

M527c 2023	Mello, Humberto Bethoven Pessoa de Caixa tátil-sonora : um processo educativo / Humberto Bethoven Pessoa de Mello. – 1. ed. – Curitiba : Appris, 2023. 176 p. ; 23 cm. – (Psicopedagogia, educação especial e inclusão). Inclui referências. ISBN 978-65-250-5199-4 1. Educação especial. 2. Pessoas com deficiência visual. 3. Tecnologia educacional. I. Título. II. Série. CDD – 371.9

Livro de acordo com a normalização técnica da ABNT

Appris editora

Editora e Livraria Appris Ltda.
Av. Manoel Ribas, 2265 – Mercês
Curitiba/PR – CEP: 80810-002
Tel. (41) 3156 - 4731
www.editoraappris.com.br

Printed in Brazil
Impresso no Brasil

Humberto Bethoven Pessoa de Mello

CAIXA TÁTIL-SONORA

UM PROCESSO EDUCATIVO

Appris editora

FICHA TÉCNICA

EDITORIAL	Augusto Coelho Sara C. de Andrade Coelho
COMITÊ EDITORIAL	Marli Caetano Andréa Barbosa Gouveia - UFPR Edmeire C. Pereira - UFPR Iraneide da Silva - UFC Jacques de Lima Ferreira - UP
SUPERVISOR DA PRODUÇÃO	Renata Cristina Lopes Miccelli
ASSESSORIA E PRODUÇÃO EDITORIAL	Daniela Nazario
REVISÃO	Mateus Soares de Almeida
DIAGRAMAÇÃO	Andrezza Libel
CAPA	Eneo Lage

Dedicamos a todos os nossos familiares em especial a quatro pessoas, minha Avó Claudia Georgette da Fonseca, a meu sogro Anibal Paes a meus dois filhos Humberto Bethoven Pessoa de Mello Junior e Felipe Alexandre Paes Mello por esta obra pela compreensão, apoio e carinho ao longo desta caminhada do invisível para o visível.

Autor.

AGRADECIMENTOS

Gostaria neste presente livro de externar meu profundo agradecimento ao meu amigo Prof. Dr. Sídio Werdes Sousa Machado, que incentivou todas as minhas ideias e fez com que eu navegasse no mundo do conhecimento. A espiritualidade, a simplicidade e a generosidade desse estão acima de qualquer natureza humana.

Além disso, fica nesta página a minha gratidão para com a Prof.ª Dr.ª Ruth Emília Nogueira, com a Prof.ª Dr.ª Rosemy da Silva Nascimento e com os bolsistas do Laboratório de Pesquisa de Mapas Táteis (LabTATE), da Universidade Federal de Santa Catarina (UFSC). Em especial à minha amiga Prof.ª Mestra em Geografia Sabrina Mangrich de Assunção que contribuiu com ideias e sugestões para a área da cartografia tátil. Agradeço à Prof.ª Dr.ª Rosemy da Silva Nascimento da Universidade Federal de Santa Catarina (UFSC) e Professora Dra. Tamara de Castro Régis em prefaciar este livro no qual ajudaram na caminhada da Caixa Tátil Sonora.

Em especial ao meu amigo Prof. Dr. Helio Ferreira Orrico que contribuíu com críticas e sugestões. Ao pai, amigo e abnegado Prof. Dr. João Ricardo Melo Figueiredo, diretor Instituto Benjamin Constant (IBC), instituição histórica no atendimento às pessoas com deficiência visual, em colaborar para essa pesquisa e prefaciar este livro.

Ao Centro de Referência Nacional na área da Deficiência Visual, do Instituto Benjamin Constant, que, por meio de seus Departamento de Educação (DED) e Departamento de Produção de Material Especializado (DPME) abraçaram com carinho nossa proposta.

Fica aqui o registro ao professor Bruno Mendes de Mesquita, coordenador de Geografia, que além de participar em nossas atividades de campo, encorajava os estudantes da relevância histórica e contribuição para o tema proposto.

Quero agradecer à Associação de Pais, Amigos e Reabilitandos do Instituto Benjamin Constant (APAR) que sensibilizou os responsáveis no sentido de conceder autorização para que seus filhos participassem desta pesquisa.

À Rede Pedro II, meus agradecimentos à coordenadora da educação especial, professora Maria Aparecida Etelvina Ivas Lima (Cida), ao diretor de pesquisa professor Jorge Fernando Silva de Araújo e a toda a direção da Pró-Reitoria de Pós-Graduação, Pesquisa, Cultura e Extensão, assim como a todos os coordenadores dos Napnes das Unidades de São Cristóvão, Realengo e Duque de Caxias, bem como seus estudantes com deficiência visual que participaram com toda a presteza desta pesquisa.

Ao Centro de Apoio Pedagógico para Atendimento às Pessoas com Deficiência Visual (CAP) da Secretaria de Estado de Educação do Rio de Janeiro (SEEDUC-RJ), com sede no município de São Gonçalo, sob a coordenação da professora Ana Claudia Nunes Pontes. Aos professores do antigo Centro Municipal de Tecnologia Assistiva (CMTA) de São Gonçalo, Suellen Destefani na elaboração e produção de material e a revisora no Sistema Braille Vanessa Rodrigues da Silva que contribuiu na pré- validação dos mapas táteis, inclusive apontando críticas e sugestões.

Meu carinho e apreço a todos os professores do curso de mestrado profissional de Diversidade e Inclusão (CMPDI), pela acolhida, paciência e carinho, não só comigo, mas com todos da turma de mestrando de 2016.

Ao professor MSc Herivelto Nunes Paiva e à professora ME Katiana Souza Reis pela colaboração na análise de dados da referida obra.

À minha família que caminhou ao meu lado, em especial a meu filho Felipe Alexandre Paes Mello, que colaborou em vários vieses no encorajamento da realização deste livro, no engajamento nas correções e testagem de materiais com ideias sábias na construção da Caixa Tátil-Sonora.

O acesso à comunicação no sentido mais largo é o acesso ao conhecimento, e isso é de vital importância para nós, se não formos desperdiçados ou patrocinados por pessoas visitadas condescendentes. Nós não precisamos de pena, nem precisamos ser lembrados de que somos vulneráveis. Devemos ser tratados como iguais — e a comunicação é a maneira como podemos trazer isso.

(Louis Braille)

PREFÁCIO

A educação para o novo século requer outros paradigmas que vai além da obtenção da informação, ela apresenta cenários desafiadores e oportunidades diversas que o mundo faculta. E este fenômeno não faz distinção diante à diversidade humana, seja na etnia, gênero, raça ou deficiência, no qual os estudantes deverão desenvolver habilidades com base nas competências que os currículos apresentam. E para isto será necessário que a educação traga metodologias, estratégias e recursos didáticos, que permitam alcançar novos desafios e conhecimentos, num processo para que todos aprendam sem distinção.

Esta obra, representa uma otimização da aprendizagem, indo além das mãos, alcançando os sons. O aprendizado ocorre no corpo inteiro e essas ações ajudam o cérebro organizar a capacidade cognitiva na ampliação do conhecimento. Tratar a realidade da educação dos deficientes visuais e seus desafios, demonstram que os paladinos da educação não operam em suas zonas de conforto e sim derrubam obstáculos, para alcançar seus conhecimentos, apesar da singularidade do tema estar limitado aos mapas táteis, que agora "falam", atingindo inestimáveis resultados na construção das imagens mentais espaciais, desses estudantes em contato com a Caixa Tátil-Sonora (CaTS), desenhando uma geografia até então invisível, que agora ganham textura e sonoridade. Essa é a educação que o século espera, entendida conforme sua etimologia, "aquela que guia para fora", ampliando seu arsenal de conhecimento, na função transformadora das pessoas em seres humanos aprimorados, podendo atuar no mundo de forma justa, autônoma, respeitando a diversidade e fazendo um mundo melhor. Digo que são "metamorfoses do conhecimento", refletindo em toda a sociedade.

Este livro tem esta prerrogativa, trazendo uma tecnologia assistiva otimizando a educação. Lembrando Paulo Freire na sua obra "Pedagogia da Autonomia", que educador e educando estão lado a lado, se transformando em reais sujeitos da construção e da reconstrução do saber, porém cada um com suas atribuições e responsabilidades para um bem comum. Digo e complemento, para uma educação anticapacitista.

Prof.ª Titular Dr.ª Rosemy da Silva Nascimento
Coordenadora do Programa de Pós-Graduação em Geografia/GCN/CFH/UFSC

SEGUNDO PREFÁCIO

O convite para prefaciar uma obra de importante contribuição no campo dos estudos sobre Deficiência Visual, com foco nos recursos e metodologias para o ensino aprendizagem em uma perspectiva inclusiva é uma grande responsabilidade e uma alegria.

Ao aceitá-lo, relembro o encontro inicial com Humberto no ano de 2016 no Laboratório de Cartografia Tátil e Escolar (LabTATE), na ocasião o autor era mestrando e foi conhecer a metodologia LabTATE para confeccionar os protótipos dos mapas para a Caixa Sonora Tátil (CATS). Foi o início de uma amizade, trocas e parcerias em cursos e momentos de interação e pesquisa.

O que desejo enfatizar nessa reflexão é o empenho de Humberto, o desejo de transformação social e a luta por uma sociedade menos excludente e pelo direito à educação de qualidade e em condições de equidade para estudantes com deficiência visual que acompanha sua trajetória enquanto professor e pesquisador e que agora se materializa em forma de livro, trazendo reflexões sensíveis e importantes contribuições para professores, pesquisadores, profissionais da educação e entusiastas de um mundo mais inclusivo.

A obra traz como intento apresentar a proposta e o desenvolvimento de uma ferramenta educacional de Tecnologia Assistiva (TA), de baixo custo, denominada Caixa Tátil-Sonora (CaTS), para tanto além de um detalhado processo metodológico que culmina na criação do recurso, o autor problematiza e discute acerca da inclusão de pessoas com deficiência no ambiente escolar, nas políticas públicas e na sociedade em geral.

Ao longo dos capítulos que compõe o livro, Humberto apresenta referências sobre a Deficiência Visual no Brasil e no mundo, trazendo como suporte para as discussões a Classificação Estatística Internacional de Doenças e Problemas Relacionados à Saúde (CID), os debates e ações propostas pela Organização Mundial de Saúde (OMS) em articulação com o Modelo Social da Deficiência e os marcos legislatórios brasileiros como o Estatuto da Pessoa com Deficiência (Lei n° 13.146/2015). Traz um compêndio atualizado de dados que justificam o desenvolvimento de pesquisas que culminam em metodologias e recursos de tecnologia assistiva como a desenvolvida pelo autor como ferramentas importantes no acesso à informação e inclusão nos processos de ensino aprendizagem por estudantes com deficiência visual.

Os leitores poderão acompanhar um detalhado histórico sobre a inserção dos estudantes com deficiência no ambiente escolar, a criação das primeiras escolas para cegos. Uma cuidadosa reflexão sobre a importância do Sistema Braille na alfabetização de estudantes cegos, assim como as contribuições desse sistema como um mecanismo de promoção à inclusão de pessoas com deficiência visual no universo de conhecimentos socialmente sistematizados, que se dá a partir do acesso à leitura e escrita. Ainda na perspectiva de acessibilidade pedagógica, o autor aborda as principais tecnologias assistivas que podem ser empregadas nos processos de ensino-aprendizagem de estudantes com deficiência visual com foco nos mapas táteis e sua metodologia de confecção.

Por fim, destaco o que considero uma contribuição inédita ao tratarmos da acessibilidade informacional e pedagógica no campo da Deficiência Visual enfatizada na obra, a apresentação detalhada do processo de planejamento, confecção da Caixa Tátil Sonora (CaTS). O autor descreve todas as etapas, materiais, protótipos e testes que culminam em uma ferramenta de tecnologia assistiva multissensorial que une os sentidos da visão e da audição em um único recurso, com potencialidade para a superação das barreiras de acesso ao conhecimento por estudantes com deficiência visual e possibilidades para o desenvolvimento de processos ensino-aprendizagem com autonomia por esses estudantes.

A exemplo de outras ferramentas e metodologias que foram desenvolvidas nas universidades públicas através da dedicação e comprometimento com o conhecimento científico e com a educação, como demonstrado por Humberto, desejo que em breve possamos ter nas escolas as CaTS contribuindo para a efetivação da educação inclusiva enquanto uma educação que contempla e celebra a diversidade.

Desejo uma excelente leitura, que essa sensibilize o/a leitor/a e o motive na luta por uma sociedade inclusiva para todos/as.

Prof.ª Dr.ª Tamara de Castro Régis
Secretaria Municipal de Educação de Florianópolis
Outono de 2023

APRESENTAÇÃO

O objetivo deste livro é o de produzir e validar o uso da Caixa Tátil-Sonora (CaTS) no processo ensino-aprendizagem com estudantes cegos e deficientes visuais[1] utilizando mapas táteis-sonoros. A proposta é a de criar um material didático de Tecnologia Assistiva (TA), que proporciona a junção da percepção tátil ao canal auditivo.

Assim, apresentamos neste livro conceitos e objetos Tiflológicos. O que são objetos Tiflológicos? Nada mais que recursos pedagógicos utilizados por diversos professores no cotidiano, que auxiliam o ensino de uma pessoa com deficiência visual.

O aparecimento das novas regletes para o uso do Sistema Braille, o uso do soroban adaptado e o avanço da máquina de escrever em Braille, manual e elétrica, bem como o uso de suas impressoras, de linha Braille e de diversos aplicativos como recursos de TA para o deficiente visual sem dúvida trouxeram maiores condições de inclusão na sociedade.

Mesmo assim, a tiflologia, aqui citada como recurso semântico para a expressão do ensino de estudantes com deficiência visual, ainda continua nos dias atuais como um grande desafio para os docentes do ensino fundamental e médio. Por falta de capacitações pedagógicas, os professores se sentem engessados diante do despreparo que sua formação lhes forneceu, especialmente na área de Ciências Humanas e da Natureza, caracterizada pela exploração visual de muitos fenômenos geográficos, físicos, químicos e biológicos.

O avanço dos pesquisadores nas academias no campo da Tecnologia Assistiva (TA) nas últimas décadas trouxe em seu bojo novas contribuições para a área da orientação e da mobilidade espacial da pessoa com deficiência visual. Os mapas entalhados em madeira deram lugar à cartografia tátil. As maquetes táteis, com uso de sonoridade, hoje possibilitam as pessoas cegas a se orientarem em espaços públicos e privados, como museus, bibliotecas, entre outros.

Portanto, as inovações pedagógicas no campo tiflológico não cessaram, e a Caixa Tátil-Sonora (CaTS) é uma prova concreta da incessante busca e contribuição para o campo da cartografia tátil de um recurso pedagógico de Tecnologia Assistiva (TA) para o auxílio a usuários com deficiência visual.

---

[1] A nova classificação CID-11, vem categorizar a pessoa cega no grupo de deficiente da visão distante denominado de cegueira com a acuidade visual inferior a 3/60 (WHO, 2022).

Da mesma forma, Sonza e Santarosa (2004) afirmam que a associação das TICs às Tecnologias Assistivas melhora o relacionamento social e o desenvolvimento do processo ensino-aprendizagem da pessoa com deficiência visual.

Conforme Galvão (2012, p. 67) aborda que "[...] as Tecnologias de Informação e Comunicação mudaram definitivamente as formas da humanidade se relacionar com saber, com ensinar e aprender".

Portanto, a Caixa Tátil-Sonora (CaTS) é uma Tecnologia Assistiva (TA) e é um produto que o professor pode levar para sua sala de aula, pois ela é leve e versátil. Uma outra característica dessa ferramenta é a flexibilização de conhecimentos que podem ser inseridos em uma única CaTS. As lâminas pedagógicas aqui apresentadas são dos biomas do Brasil, as quais foram executadas em mapas de acordo com as proporções de escalas e buscando uma padronização cartográfica e de materiais na elaboração de matriz texturizada para uso do *vacuum forming* (*thermoform*).

O livro busca informar ao leitor a nova terminologia da expressão *pessoa com deficiência visual* (DV) segundo a nova Classificação Estatística Internacional de Doenças e Problemas Relacionados à Saúde (CID-11), lançada em 2018 pela Organização Mundial da Saúde (OMS) em formato eletrônico (OMS, 2018).

Por conseguinte, a OMS aprova em definitivo em maio de 2019, em assembleia-geral, a décima primeira revisão da Classificação Estatística Internacional de Doenças e Problemas Relacionados à Saúde (CID-11) e define uma nova concepção sobre a pessoa com deficiência visual em relação à antiga CID-10 (WHO, 2019).

Assim, as pessoas com deficiência visual, a partir de 2022, passam a ser classificadas como "pessoas cegas" ou "com cegueira" e como pessoas com deficiência visual leve, moderada e grave, com cegueira binocular e com cegueira monocular — todas essas classificações estão previstas no CID-11 (WHO, 2022).

Assim sendo, a OMS recomenda que organizações, associações da área da saúde (oftalmologistas), fisioterapeutas, terapeutas ocupacionais e educadores passem a entender e utilizar, de acordo com suas profissões, a nova terminologia da CID-11 em prol da pessoa com deficiência visual.

Usamos em diversos capítulos deste livro a nova classificação da pessoa com deficiência visual de acordo com a CID-11, como já citado no parágrafo anterior. A fim de que o leitor possa entender e compreender a nova terminologia, a acuidade visual no melhor olho será o alicerce para os futuros laudos e observações na área educacional. Assim sendo, a OMS define: "A *acuidade visual ao longe* é geralmente avaliada usando um gráfico de visão a uma distância fixa (geralmente 6 metros ou 20 pés)" (OMS, 2021, p. 11).

A Sociedade Brasileira de Visão Subnormal (SBVSN, 2023) já recomenda a seus membros a não utilizarem o termo Baixa Visão (BV), como era utilizado no antigo CID-10 e sim a implementação da nova versão da 11ª Revisão da Classificação Estatística Internacional das Doenças e Problemas relacionados à Saúde (CID-11). Para se referir a pessoas com deficiência visual, deve-se utilizar a terminologia *cegos* ou *cegueira* e *deficiência visual leve, moderada* e *grave* (SBVSN, 2023).

Desenvolvemos de forma didática neste livro como elaborar uma Caixa Tátil-Sonora, bem como sua matriz molde. A aplicação dessa nova Tecnologia Assistiva (TA), a CaTS, possibilitará ao estudante cego/deficiente visual a usar duas formas de aprendizagem: a primeira pelo uso de lâminas em formato bidimensional adaptadas no Sistema Braille; a segunda, diversas formas e texturas, podendo assim possibilitar aprendizagem por percepção tátil.

A CaTS foi validada como ferramenta pedagógica após ser objeto de pesquisa, de que participaram trinta e três estudantes cegos congênitos/deficientes visuais moderados e graves do 8º ano do Instituto Benjamin Constant (IBC). A validação ocorreu após os testes de pré-validação e pós-validação, que contaram com quatorze questões cujo foco foi o uso da CaTS como ferramenta educacional. Os resultados gerados foram organizados, tabulados e analisados estatisticamente por meio de análise descritiva e exploratória no software MS-Excel.

Isto posto, as críticas e sugestões dos estudantes cegos e deficientes visuais durante o processo de pesquisa contribuíram para o aperfeiçoamento e por conseguinte para a validação da CaTS como modelo didático. Finalmente, após concluir os resultados da pesquisa sobre a funcionalidade e usabilidade da CaTS, foi constatado que os estudantes cegos e deficientes visuais validaram esse produto como mais uma possibilidade de aprendizagem.

LISTA DE ABREVIATURAS, SIGLAS E SÍMBOLOS

ABNT	Associação Brasileira de Normas Técnicas
ADA	*Americans with Disabilities Act*
ALT	Altura
APAE	Associação de Pais e Amigos Excepcionais
ACI	*Association Cartographique Internationale*
AGIR	Agência de Inovação (UFF)
CAP	Centro de Apoio Pedagógico para Atendimento às Pessoas com Deficiência Visual
CAPs	Centros de Apoios Pedagógicos
CAT	Centro Ajudas Tecnológicas
CaTS	Caixa Tátil-Sonora
CEB	Câmara de Educação Básica
CENESP	Centro Nacional de Educação Especial
CID	Classificação Estatística Internacional de Doenças e Problemas Relacionados à Saúde
CIF	Classificação Internacional de Funcionalidade
CM	Centímetro
CMTA	Centro Municipal de Tecnologia Assistiva
CNE	Conselho Nacional de Educação
CNPq	Conselho Nacional de Desenvolvimento Científico e Tecnológico
DED	Departamento de Educação
DOSVOX	Sistema para PC que se comunica com o usuário deficiente visual
DPME	Departamento de Produção de Material Especializado
DV	Deficiente Visual
EUSTAT	*Empowering Users Through Assistive Technology*

IAPB	Agência Internacional para Prevenção da Cegueira
IBC	Instituto Benjamin Constant
IBGE	Instituto Brasileiro de Geografia e Estatística
ICBC	Instituto dos Cegos do Brasil Central
ICD	*International Classification of Diseases* (Classificação Internacional de Doenças)
INEP	Instituto Nacional de Estatísticas Educacionais Anísio Teixeira
INES	Instituto Nacional Educacional de Surdo
INJA	Instituto de Jovens Cegos – Paris
IV	Impedimento Visual
LabTATE	Laboratório de Cartografia Tátil e Escolar (UFSC)
LARAMARA	Associação Brasileira de Assistência ao Deficiente Visual
MAPAVOX	*Software* de geografia e cartografia para deficientes visuais
NAPPB	Núcleo Pedagógico de Produção Braille
NLP	*No light perception*
ONCE	Organização Nacional dos Cegos de Espanha
ONU	Organização das Nações Unidas
OMS	Organização Mundial da Saúde
PNS	Pesquisa Nacional de Saúde
PVC	Policloreto de Vinila
SBVSN	Sociedade Brasileira de Visão Subnormal
SECADI	Sec. de Educação Continuada, Alfabetização, Diversidade e Inclusão
SEEDUC-RJ	Secretaria de Estado de Educação do Rio de Janeiro
SEESP	Secretaria de Educação Especial
SEMED-SG	Secretaria Municipal de Educação de São Gonçalo
SRM	Sala de Recursos Multifuncionais
TA	Tecnologia Assistiva

TIC	Tecnologia de Informação e Comunicação
UFSC	Universidade Federal de Santa Catarina
UNESCO	Organização das Nações Unidas para a Educação, Ciência e Cultura
UNESP	Universidade Estadual de São Paulo
WHA	*World Health Assembly* (Assembleia Mundial da Saúde)
WHO	*World Health Organization* (Organização Mundial da Saúde)

SUMÁRIO

INTRODUÇÃO

As pessoas cegas e deficientes visuais sempre enfrentaram dificuldades para conseguir uma efetiva educação (OMS, 2019). Nos últimos séculos diversos progressos aconteceram, mas as dificuldades continuam no século XXI. Na busca de soluções para uma educação efetiva das pessoas com deficiência visual, este livro tem como proposta o desenvolvimento de uma ferramenta educacional de Tecnologia Assistiva (TA), de baixo custo, denominada Caixa Tátil-Sonora (CaTS).

Este trabalho foi dividido em seis etapas. Na primeira, o referencial teórico mostra um panorama das pessoas cegas e deficientes visuais no Brasil e no mundo. Aborda as novas classificações, os planos, as medidas de contingência e as campanhas preventivas da OMS e do Ministério da Saúde nos últimos anos.

Apresentamos a última versão da classificação Internacional de Doenças (CID-11) publicada pela Organização Mundial da Saúde (OMS) em 2018 em formato eletrônico. A OMS aprova em definitivo, em maio de 2019, em assembleia-geral, a décima primeira revisão da Classificação Estatística Internacional de Doenças e Problemas Relacionados à Saúde (CID-11) e define uma nova concepção sobre a pessoa com deficiência visual com relação à antiga, a CID-10 (WHO, 2019). Contudo, a CID-11 só entrou em vigor para os Estados-membros a partir de 1º de janeiro de 2022 (WHO, 2022).

O livro busca informar ao leitor as novas terminologias da expressão *pessoa com deficiência visual* (DV). Assim, a pessoa com deficiência visual, a partir de 2022, passa a ser classificada como *pessoa cega* ou *com cegueira* e como *pessoa com deficiência visual leve, moderada* e *grave*, e com *cegueira binocular* e *cegueira monocular* — todas essas classificações estão previstas no ICD (WHO, 2022).

Assim sendo, a OMS recomenda que organizações, associações da área da saúde (oftalmologistas), fisioterapeutas, terapeutas ocupacionais, educadores passem a entender e utilizar, de acordo com suas profissões, a nova terminologia da CID-11 em prol da pessoa com deficiência visual.

Usamos em diversos capítulos deste livro a nova classificação da pessoa com deficiência visual, conforme a CID-11, como já citado no parágrafo anterior. A fim de que o leitor possa entender e compreender a nova terminologia, a acuidade visual no melhor olho será o alicerce para os futuros laudos e observações na área educacional. Assim sendo, a OMS define: "A *acuidade visual ao longe* é geralmente avaliada usando um gráfico de visão a uma distância fixa (geralmente 6 metros ou 20 pés)" (OMS, 2021, p. 11).

Na sequência no referencial teórico, discutimos a educação das pessoas cegas e deficientes visuais com destaque para as contribuições de Louis Braille e para a criação do Sistema Braille, hoje presente em quase todos países do mundo, devido à proliferação de escolas e associações para cegos. No Brasil, a criação do Imperial Instituto dos Meninos Cegos em 1854 e sua consolidação no século XX, como Instituto Benjamin Constant (IBC), tornou-se um pilar na construção das políticas públicas da educação especial na área da deficiência visual.

Conforme diversos autores nacionais, o IBC teve papel histórico na educação especial, na difusão da escrita Braille e na formação de estudantes repetidores[2] (professores cegos). Essas contribuições criaram reais condições para a expansão da educação dos cegos/deficientes visuais no país pelo incremento de instituições educacionais públicas e privadas (JUNIOR; DO VALE; GATTI, 2016).

Ainda no referencial teórico, fazemos comentários sobre a importância da função háptica[3] (tato) e da audição como funções sensoriais compensatórias no processo educacional dos deficientes visuais. A aprendizagem por estimulação compensatória tátil é significativa, logo precisa ser aguçada por meio de texturas diferenciadas que permitam a interpretação cognitiva das diferenças.

Sem dúvida, o tato é considerado o principal sentido compensatório utilizado pelo deficiente visual, mas a aquisição do conhecimento é complementada pelos demais sentidos sensoriais como a audição, paladar e olfato. Dentre esses, a audição funciona como o principal sentido complementar ao tato nas atividades cotidianas.

Assim, a integração do tato com a audição, dois sentidos compensatórios para aquisição do conhecimento, ampliam efetivamente a aprendizagem dos estudantes cegos e deficientes visuais melhorando o rendimento escolar.

Por conseguinte, outrora se pensava que o estudante cego/deficiente visual aprendia apenas com a parte cenestésica (tato, paladar e olfato) e a parte auditiva era apenas uma questão singular no processo do ensino.

---

[2] Estudantes repetidores: ex-estudantes com deficiência visual que continuavam na Instituição como professores.

[3] A palavra *háptica* é usada para definir uma interface tátil (ex.: Caixa Tátil-Sonora,) em que um sistema fornece respostas ao usuário em forma de realimentação física (PALACIOS; CUNHA, 2012).

Então, por meio de pesquisas e avanços tecnológicos, o cinestésico auditivo[4] foi sendo incorporado na vida escolar e no cotidiano do estudante cego e deficiente visual.

Portanto, para o estudante com esse tipo de acometimento, com perda da visão total ou parcial, faz-se necessário a estimulação precoce dos cincos sentidos básicos para aprender que o mundo não está centralizado no sentido visual e que existe todo um complexo espaço em seu entorno (MUNIZ, 2012).

A seguir, mostramos a importância das teorias pedagógicas na Educação Especial, com foco na abordagem do construtivismo social de Lev Semionovitch Vygotsky, na imagem linguística e visual de Ray Jackendoff e na teoria dos estágios de aprendizagem de Jean William Fritz Piaget. Ao mesmo tempo, diante dos avanços atuais, fazemos uma reflexão sobre as Tecnologias de Informação e Comunicação (TIC) e sobre a produção de recursos educacionais de Tecnologia Assistiva (TA) e suas contribuições para o atendimento em Salas de Recursos Multifuncionais (SRM) no seu contexto de apoio ao estudante cego/deficiente visual em classes regulares (SONZA; SANTAROSA; GALVÃO, 2012).

E, por fim, ainda na parte do referencial teórico, enfatizamos o desenvolvimento de uma ferramenta de Tecnologia Assistiva, de baixo custo, denominada Caixa Tátil-Sonora (CaTS), assim como a relevância dos modelos bidimensionais e dos mapas táteis na educação das pessoas com deficiência visual.

Partindo da premissa de que a produção de materiais especializados é de grande valia no aprendizado do estudante cego/deficiente visual, os mapas táteis foram utilizados em pré-testes e pós-testes com estudantes cegos/deficientes visuais no estudo dos biomas do Brasil, um tema ecológico que transita entre as disciplinas de Biologia e Geografia.

Quanto aos objetivos, a pesquisa se propôs a desenvolver um produto didático de Tecnologia Assistiva, de baixo custo, capaz de promover a integração de dois sentidos sensoriais, tato e audição, para ampliar a aprendizagem dos estudantes com deficiência visual.

A metodologia, dividida em materiais e métodos, planejou e executou a confecção da CaTS, um produto didático inovador com registro de patente BR 102019023969-7 A2 com a denominação **Caixa Tátil-Sonora**,

---

[4] Cinestésico auditivo, segundo Nunes e coautores (2010), é a comunicação interpessoal que se desenvolve desde o nascedouro. Além disso, absorvemos três canais de comunicação: o visual, o auditivo e o cinestésico.

publicado em 25/05/2021, pelo Instituto Nacional da Propriedade Industrial com o incentivo da Agência de Inovação (AGIR) da Universidade Federal Fluminense (MELLO; MACHADO, 2021).

Esse produto educacional pode ser utilizado em diversas disciplinas e em diversos níveis de ensino (médio, fundamental e infantil). Trata-se de uma possibilidade didática de TA de baixo custo que pode ser usada em Salas de Recursos Multifuncionais (SRM) e/ou em sala de aula comum nas instituições escolares.

O *layout* da CaTS foi desenvolvido em parceria com o Centro de Pesquisa em Geografia da Universidade de Santa Catarina por meio do Laboratório de Cartografia Tátil e Escolar (LABTATE/UFSC), que vem desenvolvendo um novo conceito de cartografia e mapas táteis na tentativa de buscar signos táteis tridimensionais padronizados na geografia em conjunto com a Associação de Cegos de Santa Catarina.

O desenvolvimento da CaTS como produto educacional teve o apoio e a parceria da Divisão de Pesquisa e Produção de Material Especializado (DPME) do IBC, Rio de Janeiro, do Centro de Apoio Pedagógico para Atendimento às Pessoas com Deficiência Visual (CAP-SG) da Secretaria Estadual de Educação (SEEDUC-RJ) e do Centro Municipal de Tecnologia Assistiva (CMTA) da Secretaria Municipal de Educação (SEMED-SG) do município de São Gonçalo, RJ.

Nos capítulos sobre os resultados e discussão, apresentamos os dados da validação do produto educacional de Tecnologia Assistiva e dos mapas táteis sonoros usados na pesquisa, assim como a sua aplicação em sala de aula em etapas de pré-teste e pós-teste para os estudantes do ensino fundamental do Instituto Benjamin Constant (IBC) na cidade do Rio de Janeiro. Após o produto ser validado e testado pelos estudantes cegos congênitos/deficientes visuais moderado e grave do IBC, os dados foram tabulados e condensadas para as análises e tratamentos estatísticos, cujos resultados foram apresentados sob forma de tabelas e gráficos.

No encerramento deste livro, fazemos as considerações finais sobre a importância da CaTS como ferramenta educacional de TA de baixo custo e as possibilidades e perspectivas sobre o uso desse produto acadêmico como política pública na área de Educação Especial nas escolas do país.

CAPÍTULO 1

REFERENCIAL TEÓRICO

1.1 CLASSIFICAÇÃO DA DEFICIÊNCIA VISUAL

A mais recente *International Statistical Classification of Diseases and Related Health Problems (ICD)*, ou seja, *Classificação Estatística Internacional de Doenças e Problemas Relacionados à Saúde* (CID-11), propõe para os Estados-membros uma melhor subdivisão da deficiência visual e de outras mortalidades e morbidades para fins estatísticos e de políticas públicas. Assim, a proposição foi elaborada e aprovada na 72ª Assembleia Mundial da Saúde em 2019 e entrou em vigor em 1º de janeiro de 2022 (WHO, 2022).

Segundo o *Relatório mundial da visão* (OMS, 2019) a deficiência visual está representada em dois grupos, a saber: deficiência da visão distante (longe) e apresentação próxima (perto). Portanto, a nova classificação da CID-11 categoriza a pessoa cega no grupo de deficiente da visão distante (longe), entendida como cegueira com a acuidade visual inferior a 3/60. Contudo, pela primeira vez a cegueira também é classificada pela acuidade visual apresentada para perto quando é pior que N6 ou M0.8[5].

Quadro 1 – Nova classificação da deficiência visual (CID-11)

CID-11	**9D90**	Deficiência visual, incluindo cegueira
CID-11	**9D90.0**	Sem deficiência visual
CID-11	**9D90.1**	Deficiência visual leve
CID-11	**9D90.2**	Deficiência visual moderada
CID-11	**9D90.3**	Deficiência visual grave

[5] Segundo Oliveira e coautores (2022, p. 97): "A acuidade visual apresentada corresponde à medida com a correção que o paciente se apresenta ou nenhuma correção. Os valores de acuidade para longe são apresentados em decimais e pés (fração). A acuidade para perto é avaliada no sistema 'N' (N1 corresponde à capacidade de leitura da menor linha; o aumento do numeral representa aumento do tamanho da fonte) ou 'M' (corresponde à distância que um emetrope consegue ler o mesmo optotipo que o paciente lê a 40 cm); em ambos sistemas, quanto maior o numeral pior a visão".

CID-11	**9D90.4**	Cegueira binocular
CID-11	**9D90.5**	Cegueira monocular

Fonte: adaptado pelo autor com base em World Health Organization (2022)

Por conseguinte, esclarecemos que a pessoa com **deficiência distante**[6] (ver Quadro 1) tem suas funções visuais diminuídas e segundo a nova CID-11 temos as seguintes classificações: (i) 9D90 – Deficiência visual, incluindo cegueira; (ii) 9D90.1 – Deficiência visual **leve**: acuidade visual menor que 6/12 ou igual ou maior que 6/18; (iii) 9D90.2 – Deficiência visual **moderada**: acuidade visual menor que 6/18 ou igual ou maior que 6/60; (iv) 9D90.3 – Deficiência visual **grave**: acuidade visual menor que 6/60 ou igual ou maior que 3/60; (v) 9D90.4 – **Cegueira binocular**; e (vi) 9D90.5 – Cegueira monocular (WHO, 2022).

De acordo com Oliveira e coautores (2022, p. 97), em seu artigo "Estratégias e desafios em prevenção à cegueira e deficiência visual": "[...] a deficiência visual para longe é definida como acuidade visual apresentada pior que 0,5 no olho de melhor visão. Já a cegueira é definida como acuidade visual apresentada pior que 0,05 no olho de melhor visão".

A Sociedade Brasileira de Visão Subnormal (SBVSN) já corrobora a nova terminologia da ICD, da WHO, com relação ao CID-11, em relação à deficiência visual distante (longe).

> Se a extensão do campo visual for utilizada, uma pessoa com um campo visual menor do que 10º de raio ao redor do ponto central de fixação, no melhor olho, deve ser considerada cega (categoria 3). O termo baixa visão, empregado na revisão anterior da CID-10, deve ser substituído por deficiência visual moderada e grave (SBVSN, 2023, s/p).

A própria entidade ratifica as mudanças e as modernizações na CID-11 com relação à CID-10 devido à introdução da Classificação Internacional de Funcionalidade (CIF).

Assim, as revisões da CID-11, na 11ª Conferência da OMS, foram baseadas no *Desenvolvimento de normas para caracterização de perda visual e funcionalidade visual* da OMS (2003) e na *Resolução do Conselho Internacional de Oftalmologia* (2002) (SBVSN, 2023).

---

[6] A deficiência visual distante na nova CID11 está relacionada a antiga terminologia baixa visão ou visão subnormal (OMS, 2019).

Entretanto, a OMS desde 1972 busca uniformizar as anotações dos valores de acuidade visual com finalidades estatísticas e cria um grupo de estudos sobre a prevenção da cegueira, assim, surge a terminologia *baixa visão* para diferenciar dos cegos, terminologia que se encontra em nossa literatura até os dias atuais.

Isto posto, registramos que é comumente usada a expressão, em nossa literatura, "baixa visão" para classificar a pessoa com deficiência distante (longe). Não poderemos considerar um erro citar a expressão "baixa visão" ou "visão subnormal" por um longo tempo. Acredito que continuaremos observando médicos, professores, artigos, livros, palestras e outros a citar essa expressão. A terminologia "baixa visão" ou "visão subnormal" ainda está enraizada historicamente em nossa sociedade acadêmica.

Essencialmente, a partir de janeiro de 2022, a CID-11 opera em seu bojo mudanças na classificação, incluindo deficiência visual distante (longe) e próxima (perto). Portanto, deficiência da visão para próximo (perto) é primeira vez incluída no relatório da OMS. Desse modo, a cegueira é avaliada de acordo com a acuidade visual para perto menor que N6 ou M.08 a 40 cm com correção existente (ver Quadro 2).

O mesmo relatório afirma que a deficiência visual ocorre quando uma doença ocular afeta o sistema visual e uma ou mais funções visuais. Consequentemente, uma pessoa que usa óculos ou lentes de contato para compensar a refração em ambos olhos não possui deficiência visual (OMS, 2019).

Quadro 2 – Classificação da deficiência visual com base na acuidade visual no melhor olho

Classificação da gravidade da deficiência visual com base na acuidade visual no olho melhor

Categoria	Acuidade visual no olho melhor	
	Pior que:	Igual ou melhor que:
Deficiência visual leve	6/ 12	6/ 18
Deficiência visual moderada	6/ 18	6/ 60
Deficiência visual grave	6/ 60	3/ 60
Cegueira	3/ 60	
Deficiência visual de perto	N6 ou M 0,8 a 40cm	

Fonte: Organização Mundial da Saúde (2019, p. 11)

1.1.1 A DEFICIÊNCIA VISUAL NO MUNDO E NO BRASIL

No contexto atual de nossa sociedade existe ainda um forte debate sobre o conceito da expressão *deficiência*. Contudo, nas décadas de 1960 e 1970, Paul Hunt e outros ativistas desenvolvem uma nova ideia para expressar a concepção de deficiência pela via do modelo social de homem. Por conseguinte, Paul Hunt elabora críticas profundas com relação ao conceito médico de deficiência (FRANÇA, 2013). Assim sendo, houve uma contraposição ao modelo médico alicerçado no conceito biológico do homem por meio da Classificação Estatística Internacional de Doenças (CID-10), listagem desenvolvida e atualizada pela ONU.

Foi dessa necessidade, delimitada como avaliação, monitoramento e controle do estado de funcionalidade das populações, que nasceu a Classificação Internacional de Funcionalidade, Incapacidade e Saúde (CIF). Hoje a nova concepção de modelo social está alicerçada nessa classificação aprovada pela Organização Mundial da Saúde (OMS) em 2001 e tem por objetivo classificar as condições de disposição dos indivíduos com a finalidade de sua inserção na sociedade (OMS, 2001).

No Brasil a resolução n.º 452/2012, do Conselho Nacional de Saúde (CNS), homologada pelo Ministério da Saúde, adotou a CIF para o sistema de saúde brasileiro a fim de contemplar a pessoa com impedimento sensorial, motor e intelectual.

> Considerando que o Brasil, enquanto país membro da OMS, foi urgido a utilizar a CIF por força da Resolução no 54.21/2001, da OMS, e ainda não incorporou a referida classificação em seu Sistema Único de Saúde (SUS), resolve: Que a Classificação Internacional de Funcionalidade, Incapacidade e Saúde - CIF seja utilizada no Sistema Único de Saúde, inclusive na Saúde Suplementar [...] (CNS, 2012, s/p).

A Lei n.º 13.146/2015 cita termos da CIF em seu Artigo 2°, ao tratar de políticas públicas para pessoa com impedimento físico, mental, intelectual ou sensorial, incluindo a Síndrome do Espectro Autista (TEA). Ela foi regulamentada pela Lei-Decreto n.º 11.063, de 04 de maio de 2022.

> Art. 2º Considera-se pessoa com deficiência aquela que tem impedimento de longo prazo de natureza física, mental, intelectual ou sensorial, o qual, em interação com uma ou mais barreiras, pode obstruir sua participação plena e efetiva na sociedade em igualdade de condições com as demais pessoas.

> § 1º A avaliação da deficiência, quando necessária, será biopsicossocial, realizada por equipe multiprofissional e interdisciplinar e considerará - os impedimentos nas funções e nas estruturas do corpo; II - os fatores socioambientais, psicológicos e pessoais; III - a limitação no desempenho de atividades; e IV - a restrição de participação.
> § 2º O Poder Executivo criará instrumentos para avaliação da deficiência (BRASIL, 2015, s/p).

A CIF impulsionou também a regulamentação do Programa Especial para Análise de Benefícios por meio da Lei n.º 13.846 de 18 de junho de 2019. Além disso, há outras resoluções e portarias para normatização do uso da CIF em âmbitos específicos.

Assim, o conceito de "deficiência" no modelo social é visto como "impedimento"[7] e não como incapacidade. A incapacidade refere-se às deficiências, limitações e restrições que uma pessoa com uma doença ocular enfrenta ao interagir com o seu ambiente físico, social ou funcional. Portanto, pela primeira vez na história as próprias pessoas com impedimento (físico, sensorial, mental e intelectual) conseguiram ser ouvidas (GARCIA, 2014).

Segundo relatório sobre a visão, divulgado pela Organização Mundial da Saúde (OMS, 2019), todas as pessoas que viverem o suficiente sofrerão pelo menos uma doença ocular durante a vida que exigirá cuidados adequados. Globalmente, pelo menos 2,2 mil milhões de pessoas têm uma deficiência visual ou cegueira, das quais pelo menos 1 milhar de milhões tem uma deficiência visual que poderia ter sido evitada ou ainda não foi tratada.

É importante destacar que OMS já vinha trabalhando há alguns anos nas propostas de prevenção à deficiência visual no mundo (OMS, 2019). Em 1975, a 28ª Assembleia Mundial da Saúde sugeriu que a OMS encorajasse cada Estado-membro a elaborar programas nacionais de prevenção da cegueira. Em 1978, a OMS criou o Programa de Prevenção da Cegueira (WHO/PBD) e liberou uma base de dados sobre a cegueira no mundo (FERREIRA, 2014). Esse programa da OMS orientou e estimulou a elaboração de programas nacionais para prevenção de cegueira nos Estados-membros. Nesse mesmo ano, em 1978, foi criada a Agência Internacional para Prevenção da Cegueira (IAPB) com a finalidade de apoiar os profissionais e as organizações não governamentais envolvidas em cuidados oftalmológicos (OMS, 2014).

[7] A partir da Convenção, na qual *disability* foi traduzida por deficiência e *impairment* por impedimento, fica, ao que parece, consagrada essa terminologia. Entretanto, muitas vezes ainda se diz pessoa com deficiência, quando na verdade está se referindo à pessoa com impedimento.

O avanço na prevenção da cegueira tornou-se uma realidade. Em 1999 já existiam mais de 100 programas nacionais em desenvolvimento nos Estados-membros. A maioria era resultado de parcerias entre governos nacionais, organizações não governamentais (ONGs) e comunidades locais. E, mais recentemente, em 2014, o Programa Visão-2020 foi concebido para facilitar essa abordagem preventiva de uma maneira orientada e sustentável (OMS, 2014; MACHADO, 2015).

Após alguns anos, observamos alguns resultados significativos nos programas de prevenção da cegueira evitável implementados pelos Estados-membros, conforme o Gráfico 1.

Gráfico 1 – Diminuição da deficiência visual no mundo

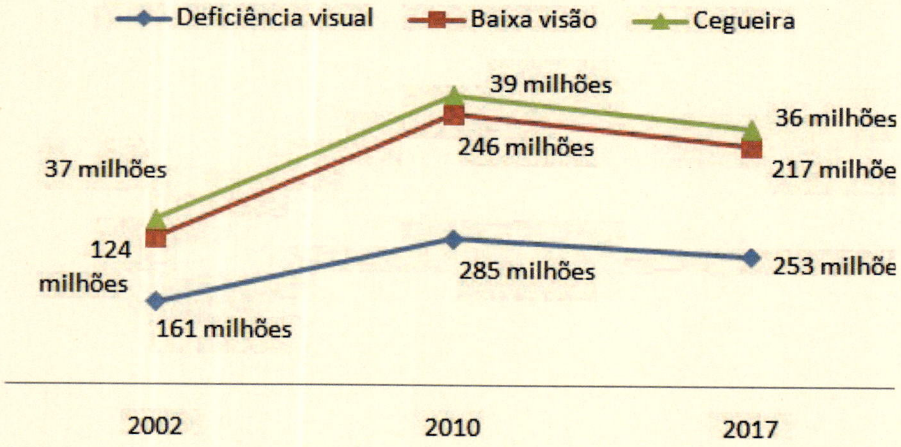

Fonte: Diminuição da Deficiência Visual no Mundo.
Fonte: WHO (2017)

Segundo os estudos da Organização Mundial de Saúde (OMS, 2002) existiam 161 milhões de pessoas deficientes visuais (DV) no mundo, dos quais 124 milhões tinham deficiência visual leve, moderada e grave, e 37 milhões eram cegos. Segundo Machado (2015), a OMS não incluiu nesses dados os erros de refração[8] não corrigidos, como miopia, hipermetropia ou astigmatismo. Assim, com a inclusão dessas causas, o total de pessoas com deficiência visual, na realidade, é muito superior ao que os dados revelam (OMS, 2014; MACHADO, 2015).

[8] Refração: segundo Shimauti e coautores (2012), para o exame refracional o indivíduo deve ser examinado em refrator automático para avaliação da refração objetiva. Para refração subjetiva, deve utilizar o refrator manual.

Oito anos depois, em 2010, a OMS estimou que a população mundial com deficiência visual era de 285 milhões, dos quais 39 milhões eram cegos e 246 milhões tinham deficiência visual leve, moderada e grave (ver Figura 1). Desse total, 82% das pessoas eram cegas e tinham mais de 50 anos, e a principal causa da deficiência visual era a catarata, com prevalência de 51% (WHO, 2010; PASCOLINI; MARRIOT, 2012; SALTTO, 2015).

Figura 1 – Quantitativo de deficientes visuais no mundo

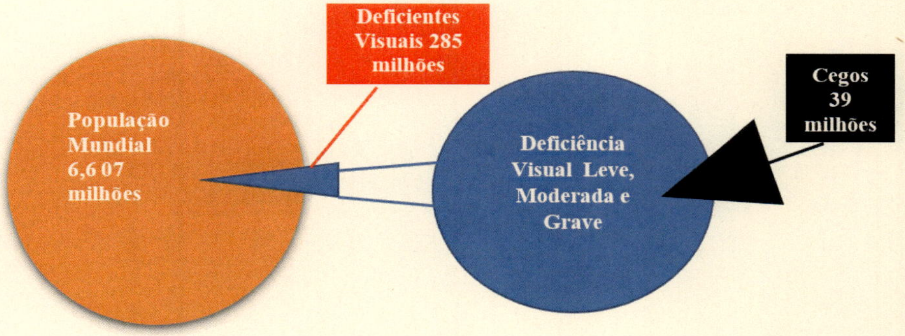

Fonte: adaptado pelo autor com base em Pascolini (2012)

Em 2014, a OMS elaborou um programa para a prevenção da cegueira e deficiências visuais evitáveis no mundo, que foi aprovado na 154ª sessão do seu comitê executivo. Nessa proposta, conhecida como Programa Visão-2020, a entidade listou as principais ações dos Estados-membros para a prevenção da cegueira, orientando-os quanto a investimento financeiro, parcerias com organizações não governamentais e com a iniciativa privada, além das garantias individuais das pessoas com deficiência (OMS, 2014).

Segundo Saltto e coautores (2015), o Programa Visão-2020 tem como finalidade combater as doenças oculares tratáveis:

> [...] o Programa Visão-2020 visa o *controle de doenças específicas:* catarata, tracoma, oncocercose, cegueira infantil (deficiência de vitamina A, sarampo, oftalmia neonatorum, coriorretinite macular, catarata, glaucoma), transtornos refrativos [...] (SALTTON, 2015, p. 51, grifo nosso).

No Brasil, os dados recentes sobre deficiência visual foram obtidos nos Censos de 2000 e 2010, coordenados pelo Instituto Brasileiro de Geografia e Estatísticas (IBGE). Desde o ano 2000, o IBGE utiliza o conceito ampliado de deficiência visual, que incluiu diversos graus de incapacidade de enxergar, conforme classificação da OMS. O resultado da pesquisa em 2000 (Tabela 1) mostrou que o país tinha 16.644.842 de pessoas com deficiência visual (IBGE, 2002; MACHADO, 2015).

Tabela 1 – População com deficiência visual no Brasil, 2000

Regiões	População total	Deficiência visual				
		Incapaz de enxergar	**Grande dificuldade permanente de enxergar**	**Alguma dificuldade permanente de enxergar**	**População com deficiência visual**	**Na população total (%)**
Brasil	169.872.856	148.023	2.435.873	14.060.946	16.644.842	9.80
Norte	12.911.170	11.061	205.173	1.199.136	1.415.370	10.96
Nordeste	47.782.487	57.416	853.114	4.836.931	5.747.461	12.03
Sudeste	72.430.193	54.600	863.101	5.113.771	6.031.472	8.33
Sul	25.110.348	17.562	355.348	1.953.350	2.326.260	9.26
Centro-Oeste	11.638.658	7.384	159.139	957.757	1.124.280	9.66

Fonte: elaborada pelo autor com base em IBGE (2002)

A Tabela 2 mostra a distribuição dos graus de severidade da deficiência visual no Brasil. Em uma população de quase 170 milhões de pessoas, 148.023 eram incapazes de enxergar (cegos), 2.435.873 tinham grande dificuldade de enxergar (baixa visão) e 14.060.946 apresentavam alguma dificuldade permanente de enxergar (necessidade do uso de óculos, lentes ou outros recursos). Percentualmente, a maior concentração de pessoas cegas no Brasil estava na região Nordeste com 12,03%, seguida da região Norte, com 10,96% (IBGE, 2002; MACHADO, 2015).

O *Censo 2010* mostrou um aumento percentual da deficiência visual no país e em todas as suas regiões, conforme a mostra a Tabela 3. Da mesma forma que em 2000, o conceito ampliado de deficiência visual foi usado no Censo 2010. Segundo a pesquisa, 35.791.488 milhões de pessoas com deficiência visual (DV) (18,8% da população total) possuíam uma DV, pois declararam que tinham diferentes graus de dificuldades para enxergar. Desse total, 528.624 eram cegas e 6.056.684 apresentavam grande dificuldade de enxergar, ou seja, tinham baixa visão. O

Censo 2010 mostrou que o Nordeste manteve o maior percentual de deficientes visuais no país com percentual de 21,19% (IBGE, 2012; MACHADO, 2015).

Tabela 2 – População com deficiência visual no Brasil, 2010

Regiões e estados	População total	Deficiência visual				
		Não consegue de modo algum	**Grande dificuldade**	**Alguma dificuldade**	**População com deficiência visual**	**Na população total (%)**
Brasil	190.755.799	528.624	6.056.684	29.206.180	35.791.488	18.76
Norte	15.864.454	33.025	541.798	2.409.113	2.983.936	18.81
Nordeste	53.081.950	129.465	2.062.990	9.056.632	11.249.087	21.19
Sudeste	80.364.410	262.122	2.246.465	11.887.099	14.395.686	17.91
Sul	27.386.891	72.541	793.545	3.760.196	4.626.282	16.89
Centro-Oeste	14.058.094	31.471	411.886	2.093.140	2.536.497	18.04

Fonte: elaborada pelo autor com base em IBGE (2012)

De acordo com a nova *Pesquisa Nacional de Saúde* (PNS), elaborada em 2019, 17,3 milhões de brasileiros com dois anos ou mais de idade possuem uma deficiência. Assim sendo, a PNS registrou dos 17,3 milhões de brasileiros com deficiência, 8,4% da população tinha alguma deficiência, sensorial, motora, intelectual e cerca de 8,5 milhões, ou seja, (24,8%) da população com deficiência eram idosos (PNS, 2019).

Com relação ao grupo de deficientes visuais, a população do país com 2 anos ou mais de idade que declarou ter muita dificuldade ou não conseguir de modo algum enxergar chegou ao patamar de 3,4% (ou 6,978 milhões).

Entretanto, o *Censo 2010* registrou um total de 35.791.488 milhões de pessoas com deficiência visual (DV) (18,8% da população total). Essas pessoas eram DV pois declararam que tinham diferentes graus de dificuldades para enxergar.

Os dados expostos da PNS (2019) aparentemente demonstram a queda de deficientes visuais no Brasil no patamar de 15,4%. Podemos aqui considerar que isso é resultado das ações que a OMS vem desenvolvendo junto aos países-membros com relação à prevenção e ao combate a catarata após os 60 anos de idade.

Um outro dado relevante que a PNS (2019) esclarece é com relação à prevalência da deficiência visual na mulher, que chega a 4,0%, enquanto nos homens, a 2,7%. A PNS revela outro dado importante com relação à população entre 2 e 9 anos. Segundo PNS (2019), cerca de 0,5% dessa população foi constatada com deficiência visual, enquanto os idosos chegaram ao patamar de 9,2% (PNS, 2019).

De acordo com a Tabela 4, podemos observar diversos cenários quanto à situação mais atual com relação às pessoas com deficiência visual no cenário brasileiro.

Tabela 4 – Dados da Pesquisa Nacional de Saúde (PNS, 2019) com relação às pessoas com deficiência visual

PNS	**Total DV 6,978 milhões**	2,7% dos homens	4,0% das mulheres
PNS	**Total DV 6,978 milhões**	Pop. com 2 a 9 anos 0,5%	Pop. Idosos: 9,2%
PNS	**Total DV 6,978 milhões**	Pop. DV: 4,2% das pessoas com 18 anos	Pop. DV: 8,1% sem instrução ou com nível fundamental incompleto
PNS	**Total DV 6,978 milhões**	Pop. DV: 4,2% das pessoas com 18 anos	Pop. DV: 3,2% com fundamental completo ou médio incompleto
PNS	**Total DV 6,978 milhões**	Pop. DV: 4,2% das pessoas com 18 anos	Pop. DV: 2,1% com médio completo ou superior incompleto
PNS	**Total DV 6,978 milhões**	Pop. DV: 4,2% das pessoas com 18 anos	Pop. DV: 1,0% com o nível superior completo

Fonte: elaborada pelo autor com base em PNS (2019)

Um significativo dado da amostra é procurar entender a educação das pessoas com deficiência visual, haja vista o grande investimento do país nessa área com crescimento da pesquisa científica e do processo de inclusão com criação de salas de recursos multifuncionais, salas regulares e a capacitação de profissionais nessa área.

Cabe ressaltar a presença nesse cenário do centro de referência nacional na área da deficiência visual, o Instituto Benjamim Constant (IBC), com capacitação de professores em cursos livres e gratuitos e com a criação do mestrado profissional na área da deficiência visual, além de distribuição de material pedagógico para todo território nacional.

Temos que salientar os esforços em outros centros de pesquisa no Brasil relacionados a essa temática, como o Laboratório de Cartografia Tátil Escolar (LabTATE), o Programa de Pós-Graduação em Geografia da Universidade Federal de Santa Catarina, voltado para cartografia tátil e processos educativos, e o Programa de Pós-Graduação em Ciências, Tecnologias e Inclusão (PGCTin), que realiza pesquisas não só para pessoas com deficiência visual.

Mesmo com todo crescimento e investimento nessa área, os dados da Tabela 4 ainda são preocupantes. Nota-se que 8,1% das pessoas com deficiência visual ainda não possuem instrução ou têm nível fundamental incompleto. Constata-se que apenas 1% de deficientes visuais tem o nível superior completo.

Tratando da educação das pessoas com deficiência visual, o PND (2019) apurou que dos 17,3 milhões de brasileiros com alguma deficiência, em torno de 4,2% das pessoas com 18 anos ou mais de idade tinham deficiência visual, sendo que, dentro dessa população, 8,1% são pessoas sem instrução ou com nível fundamental incompleto, 3,2% com fundamental completo ou médio incompleto, 2,1% com médio completo ou superior incompleto e 1% com o nível superior completo.

Com relação à questão socioeconômica, ou seja, as famílias com baixo, médio ou grande poder aquisitivo, a Pesquisa Nacional de Saúde (2019) apurou que, entre a população com 2 anos ou mais de idade, 3,4% tinham deficiência visual. Dentro dessa população, os domicílios que tinham rendimento de até 1 salário mínimo tiveram percentuais variando de 3,9% a 4,4%. Dentre os domicílios com rendimento *per capita* de 5 salários mínimos ou mais, esse percentual foi de 1,2%.

Identifica-se que a consulta da Pesquisa Nacional de Saúde (2019) revelou que a prevalência da deficiência visual está nas classes mais baixas de nossa sociedade. As fontes aqui apuradas são do Ministério da Saúde. Isto posto, com os valiosos dados mencionados, o governo deveria aportar mais recursos financeiros na saúde, na educação, em moradia inclusiva, ou seja, em ações de Estado ao combate à cegueira e à deficiência visual leve, modera e grave em diversos níveis da sociedade, oferecendo mais serviços de atendimento oftalmológico, incluindo reabilitação. Segundo o professor Dr. Alarcos Cieza, que lidera o trabalho da OMS sobre cegueira e deficiência visual, diz:

> Milhões de pessoas são severamente deficientes visuais e incapazes de participar plenamente da sociedade porque não podem acessar os serviços de reabilitação. Em um mundo

construído sobre a capacidade de ver, os serviços de atendimento oftalmológico, incluindo reabilitação, devem ser fornecidos mais próximos das comunidades para que as pessoas atinjam seu pleno potencial (ONU News. Perspectiva Global Reportagens Humanas, 2019).

1.2 EDUCAÇÃO DAS PESSOAS COM DEFICIÊNCIA VISUAL

1.2.1 IMPORTÂNCIA DA ESCRITA BRAILLE NA EDUCAÇÃO DO DEFICIENTE VISUAL

Há mais de 190 anos, um jovem francês inventou um sistema de leitura especial que permitiu a inclusão educacional e social de milhões de pessoas cegas no mundo. Louis Braille nasceu em 4 de janeiro de 1809 em uma família humilde. Seu pai, Simon-René Braille, era um artesão que fabricava arreios e selas para animais. Possivelmente aos três anos de idade, o pequeno Louis Braille sofreu grave acidente ao manusear um instrumento pontiagudo e cortante muito afinado. O instrumento perfurou-lhe o olho esquerdo, causando grande perda de sangue.

O reduzido conhecimento médico da época não impediu que a infecção acometesse ambos os olhos. E, aos cinco anos de idade, Louis Braille[9] ficou cego. Sua família lhe deu todo o apoio possível, matriculando-o em uma pequena escola do povoado com o jovem professor Antoine Bécheret, que observou a potencialidade de Louis Braille e incentivou a família a continuar a educação da criança (MARTINS, 2015).

Os pais do pequeno Louis Braille pediram o auxílio do abade Jacques Palluy que, por meio de sua influência sacerdotal, sensibilizou o Marquês de Orvilliers, um nobre que conseguiu uma bolsa de estudos em uma instituição apropriada. Assim, aos 10 anos de idade, Braille iniciou seus estudos no Instituto Real dos Jovens Cegos de Paris (MARTINS, 2015). A França vivia grandes turbulências sociais e políticas no final do século XVIII, quando Valentin Haüy, intérprete, decidiu lutar pela inclusão social dos deficientes visuais: "[...] farei que os cegos leiam, colocarei em suas mãos livros impressos por eles mesmos. Traçarão os caracteres usuais e lerão a sua própria escritura" (MARTÍNEZ, 2000, p. 57 *apud* LEAL, 2015, p. 75).

[9] **Louis Braille.** Teve cegueira adquirida. Segundo Almeida (2013), existem dois tipos de cegueira adquirida: cegueira súbita e a progressiva. Perda da visão após seu nascedouro por infortúnio acidente ou por doença degenerativa.

Abnegado, Haüy funda a primeira escola para cegos do mundo em 1786, denominada Instituto Nacional dos Cegos (INJA), mostrado na Figura 2. Ele criou e implantou um sistema de escrita e leitura do deficiente visual pela percepção tátil conhecido como sistema do relevo linear: "Graças ao método de Haüy foram comprovadas, inequivocamente, as condições favoráveis de aprendizagem das pessoas cegas, através da leitura tátil" (CERQUEIRA, 2009, p. 6).

Figura 2 – Instituto Real dos Jovens Cegos de Paris, hoje Fundação Valentin Haüy

Fonte: arquivo pessoal Paris (2017)

Segundo Roy (2008), o sistema linear de Valentin Haüy permitiu a leitura e a escrita dos cegos, contudo era um processo de escrita muito lento, por isso o deficiente visual não conseguia fazer rápidas anotações, completá-las ou corrigi-las. Contudo, Valentin Haüy conforme demonstra a Figura 3, cumpre o seu papel histórico de pôr nas mãos dos cegos livros em alto relevo.

Figura 3 – Livro de relevo linear 1838

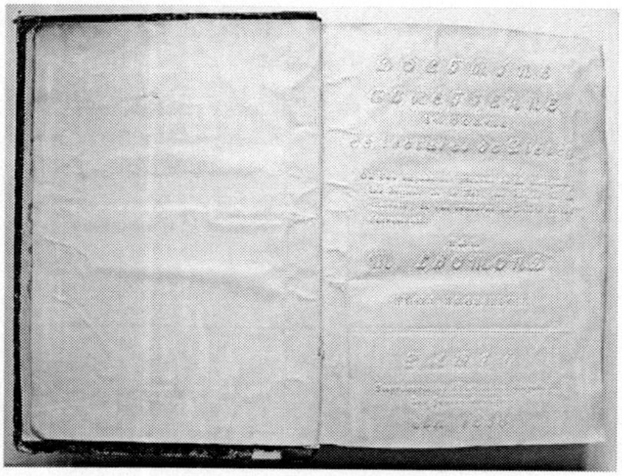

Fonte: www.avh.asso.fr/fr Fundação Valentin Haüy (2017)

No início do século XIX, Charles Nicola Barbier de La Serre, um capitão de artilharia do exército francês, dedicava-se às pesquisas sobre métodos de comunicação. Barbier criou um alfabeto de 36 fonemas distribuídos em uma tabela de 6 linhas por 6 colunas. A partir desses fonemas, ele criou um sistema de escrita por meio de pontos em relevo, que eram distribuídos em duas colunas, conforme demostra a Figura 4. O fato de os pontos em relevo serem muito sensíveis ao toque incentivou a experimentação com as pessoas cegas no Instituto Real de Jovens Cegos (INJA) em Paris (ROY, 2008).

Figura 4 – Alfabeto fonético de Barbier

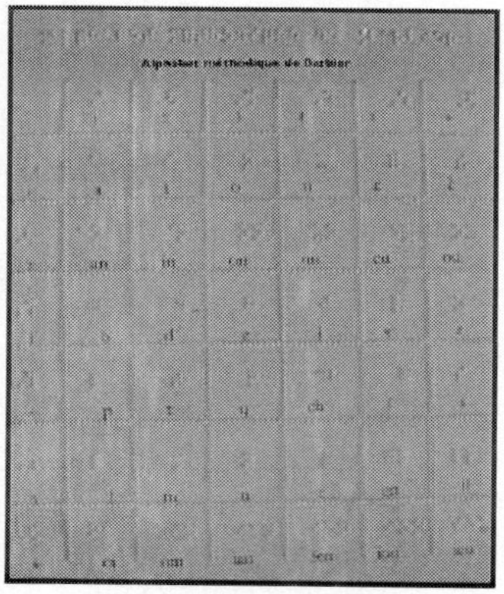

Fonte: www.avh.asso.fr/fr Fundação Valentin Haüy (2017)

Em 1821, convidado para fazer uma apresentação do invento, Barbier convidou alguns estudantes para fazerem a testagem da nova invenção. O adolescente Louis Braille participou como voluntário e rapidamente aprendeu a usar o método. Ele constatou que os pontos em relevo tinham alto poder de resolução sob o dedo, sendo bem superior à linha do relevo linear usada no sistema de Haüy. O diretor do Instituto Real dos Jovens Cegos de Paris relatou em 19 de maio de 1821:

> Foi-me comunicado pelo Sr. Barbier um método muito engenhoso de escrever para o uso dos cegos por meio dos quais eles podem corresponder um ao outro. Eu me apressei em tentar esse método, o tempo nos dirá o que benefícios podem ser derivados (ROY, 2008, p. 17, tradução do autor).

O novo sistema de Barbier jamais tinha sido usado como modelo pedagógico no Instituto Real dos Jovens Cegos de Paris, mas a pesquisa foi realizada dentro do INJA. Consequentemente, a base para as pesquisa e trabalhos desenvolvidos por Louis Braille ao longo dos anos seria fundamental para a maturação da nova comunicação de escrita para cegos.

Há diferenças básicas entre o sistema de escrita desenvolvida por Louis Braille e o sistema de Charles Barbier. Enquanto o sistema de Barbier utilizava 12 pontos em relevo tátil em duas colunas verticais de 6 pontos e 36 fonemas para representar a língua francesa, o sistema de Louis Braille introduziu a concepção de uma matriz que combinava 6 pontos táteis em duas colunas verticais com três celas (CERQUEIRA, 2008).

Mas existe algo em comum entre os sistemas de Barbier e Braille: os pontos salientes em relevo. A data do aparecimento do sistema Braille é 1825, mas a primeira obra na escrita Braille foi publicada apenas em 1829: "O *Processo para Escrever as Palavras, a Música e o Canto-Chão por meio de Pontos, para Uso dos Cegos e dispostos para eles*". (https://www.deficienciavisual.pt/r-LouisBraille-invencao_do_braille-JoseAntonioBaptista.htm)

Nomeado como professor repetidor do Instituto Real dos Jovens Cegos de Paris, Louis Braille (Figura 5) lecionou diversas disciplinas como Gramática, História, Geografia, Aritmética, Álgebra, Geometria, além de Música (piano e violoncelo). Esse período de 1829 a 1852 chamamos de maturação da escrita e leitura. Ainda jovem, faleceu aos 43 anos, vítima de tuberculose em 6 de janeiro de 1852.

Figura 5 – Busto de Louis Braille

Fonte: www.avh.asso.fr/fr Fundação Valentin Haüy (2017)

A nova forma de comunicação para os cegos, concebida por Braille entre 1821 e 1837, foi um marco divisório na história da humanidade para as pessoas com deficiência visual.

Mas a sua adoção como código universal de escrita e leitura sofreu muitas barreiras devido à questão cultural e social, inclusive no próprio país onde foi inventado. A adoção pelo Instituto Real dos Jovens Cegos de Paris só foi consolidada em 1854, ou seja, 25 anos após sua invenção.

A aceitação do sistema Braille nos países da Europa e outros continentes foi gradual, mas as barreiras foram gradativamente sendo ultrapassadas. Contudo, após a França o Brasil foi o primeiro país do mundo a adotar o Sistema Braille em 1854, de acordo com o seu Decreto de criação n.º 1.428: "[...] Art. 33 - estabelece o modelo pedagógico a ser implantado, relativo a escrita e a leitura: methodo de pontos salientes de Mr. Luiz Braille, adoptado pelo Instituto de Paris" (BRASIL, 1854).

Chegamos a essa conclusão ao fazermos uma pesquisa cronológica da implantação do Sistema Braille no mundo: no continente Europeu em 1888 e nos Estado unidos da América em 1918.

1.2.2 A CRIAÇÃO DA PRIMEIRA ESCOLA PARA CEGOS NO BRASIL

Após seis anos de estudos na França, José Álvares de Azevedo, aos 16 anos, voltou ao Brasil com a determinação de lutar pela criação de uma escola nos mesmos moldes do Instituto Real dos Jovens Cegos de Paris, onde estudara. O médico da corte imperial, Dr. José Francisco Xavier Sigaud, que tinha uma filha cega, e o Barão do Rio Bonito conseguiram marcar uma audiência do jovem cego com o Imperador (LANNA, 2010). O imperador D. Pedro II ficou encantado com a explanação do jovem e com a forma detalhada da apresentação do Sistema Braille.

A partir do apoio do governo imperial, criou-se no Rio de Janeiro, por meio do Decreto Imperial n.º 1.428, de 12 de setembro de 1854, o Imperial Instituto dos Meninos Cegos, a primeira instituição da América Latina para o atendimento às pessoas com deficiência visual, o qual é atualmente conhecido como Instituto Benjamin Constant (IBC). O jovem José Álvares de Azevedo, que participou ativamente das ações que resultaram na criação do Imperial Instituto dos Meninos Cegos, faleceu seis meses antes da inauguração, vítima de tuberculose, aos 20 anos de idade.

A educação para os cegos no Brasil teve sua dotação orçamentária autorizada a partir do biênio 1855-1856 pelo Decreto n.º 1.683, de 28 de novembro de 1855, conforme o texto original: "Este Decreto abre ao Ministerio do Imperio hum credito extraordinario de 15.000$000[10] para occorrer às despezas com o Imperial Instituto dos Meninos Cegos, no exercício de 1855 - 1856" (BRASIL, 1855).

O Instituto Imperial dos Meninos Cegos nasceu de uma parceria entre as esferas pública e privada, conforme estabeleceu o Decreto de criação n.º 1.428, em seu Cap. III, Art. 19, 20 e 21, que definiu o número de vagas e as condições para ser bolsista do Estado, além da quantia a ser paga por estudantes que não comprovassem sua condição de pobreza (BRASIL, 1854). Eis o texto original dos três artigos (BRASIL, 1854):

> Art. 19. O numero de alumnos não excederá de 30 nos três primeiros annos. Neste numero se comprehendem até 10, que serão admittidos gratuitamente, quando forem reconhecidamente pobres.
> Art. 20. A estes, o Governo fornecerá sustento, vestuario, e curativo.
> Art. 21. Os que não forem reconhecidamente pobres pagarão ao Estabelecimento huma pensão annual arbitrada pelo Governo no principio de cada anno, a qual não poderá exceder de 400$000, alêm de huma joia no acto da entrada até 200$000, marcada pela mesma fórma.

10 O valor citado originalmente no documento equivale a 15.000$000 (quinze mil contos de réis).

Segundo Franco e Dias (2000), em 1872, a classe de estudantes cegos tinha trinta e cinco discentes matriculados, sendo que vinte educandos pagavam para estudar. Observou-se um aumento significativo dos estudantes contribuintes, o que mostra que a elite dominante, que tinha filhos e parentes com deficiência visual, custeava seus estudos. Dessa forma, as pessoas humildes tinham suas ofertas de vagas diminuídas na referida instituição — lembrando que os filhos de escravos não podiam ser matriculados em escolas públicas.

A partir de 1889, mesmo com o advento da República, nada mudou. O atendimento às crianças cegas continuou muito lento e deficiente. A principal mudança na educação especial foi a mudança do nome do Instituto. A partir do Decreto n.º 9, de 21 de novembro de 1889, o qual retirou a palavra *Império* de todas as instituições do antigo regime, a instituição passou a denominar-se Instituto Nacional dos Cegos (BRASIL, 1890).

O nome atual Instituto Benjamin Constant (IBC) foi determinado pelo Decreto n.º 1.320, de 24 de janeiro de 1891, em homenagem ao ex-diretor do Instituto e, também, um dos idealizadores da República, o ex-ministro da guerra Benjamin Constant que veio a falecer precocemente (BRASIL, 1891).

1.2.3 CONSOLIDAÇÃO DA EDUCAÇÃO DOS DEFICIENTES VISUAIS NO BRASIL

Em face da grande procura dos deficientes visuais para estudar, os ex-estudantes do Instituto Benjamin Constant buscaram apoio em diversos estados brasileiros para a implantação de novas instituições educacionais que atendessem aos jovens deficientes visuais. Assim, após um período de maturação da educação (Sistema Braille) e formação de profissionais, foram criados diversos institutos seguindo os moldes pedagógicos do Instituto Benjamin Constant, como as seguintes instituições do início do século XX (MAZZOTTA, 1996; FRANCO; DIAS, 2007; GATTI, 2016):

- 1926 - Instituto São Rafael, em Belo Horizonte;
- 1927 - Instituto para Cego Padre Chico, em São Paulo;
- 1935 - Instituto Santa Luzia, em Porto Alegre;
- 1936 - Instituto dos Cegos, em Pernambuco;
- 1942 - Instituto de Cegos do Brasil Central, em Uberaba;
- 1942 - Instituto de Cegos da Bahia, em Salvador;
- 1944 - Instituto Paranaense dos Cegos, em Curitiba.

1.2.4 ALFABETIZAÇÃO, ESCRITA E LEITURA BRAILLE

O Decreto n.º 1.428, de 12 de setembro de 1854, que criou o Instituto Imperial dos Meninos Cegos, ao mesmo tempo estabeleceu o Sistema Braille como método de alfabetização para os deficientes visuais no Brasil, conforme seu Art. 33: "[...] estabelece o modelo pedagógico a ser implantado, relativo a escrita e a leitura: methodo de pontos salientes de Mr. Luiz Braille, adoptado pelo Instituto de Paris" (BRASIL, 1854).

Quando uma criança nasce sem sentido visual, ou seja, sem a percepção sensorial da visão, são necessárias diversas intervenções sensoriais, acompanhadas por profissionais, para o desenvolvimento de outros sentidos sensoriais com intuito de realizar o processo de alfabetização de uma pessoa cega.

Essas diversas intervenções chamaremos de estimulação precoce, que serão realizadas por profissionais e familiares para estimular os sentidos sensoriais remanescentes, como: sistema do olfato, que possibilita ao deficiente visual (DV) distinguir a diferença de aromas e odores; sistema auditivo, que viabiliza o entendimento dos diversos tipos de sons que o envolve (vozes familiares, sirenes, animais, entre outros); sistema paladar ou gustativo, que possibilita ao DV distinguir as diferenças e particularidades por substâncias ingeridas na sua boca; sistema tátil, que permite ao DV entender não só os produtos em relevo a ele apresentados, mas também distinguir o calor pelo toque, entre outros; sistema vestibular, que sincroniza os movimentos corporais como um todo e possibilita a coordenação dos olhos, cabeça e corpo no espaço; e o sistema proprioceptivo, que concede ao DV perceber estímulos produzidos pelas partes do corpo por meio de informações inconscientes dos músculos e articulações, principalmente aqueles relacionados à posição e movimento do corpo (CAMINHA; LAMPREIA, 2008).

O conceito de *estimulação precoce* adotado pelo Ministério da Educação em 1995 é o seguinte:

> Conjunto dinâmico de atividades e de recursos humanos e ambientais incentivadores destinados a proporcionar à criança, nos seus primeiros anos de vida, experiências significativas para alcançar pleno desenvolvimento no seu processo evolutivo (GIL, 2000, p. 12).

A estimulação precoce e o atendimento ao estudante com deficiência visual nos primeiros anos escolares são fundamentais para o estabelecimento das relações de parceria com a família do deficiente visual. Essa tarefa precisa da intervenção de profissionais especializados, pois a estimulação precoce depende da integração do *triple* afetividade, escola e família (GONÇALVES *et al.*, 2014; GONÇALVES *et al.*, 2014).

O processo de alfabetização de uma pessoa DV requer a integração entre o mediador (professor) e o mediado (estudante). Essa cumplicidade educacional deve ter como base a interação do aluno com diversos objetos pedagógicos que estimulem seus canais de aprendizagem por meio do tato e da audição (MELLO; MACHADO, 2017).

Há diversos métodos para o processo de alfabetização da pessoa com deficiência visual. Não existem métodos exatos, mas diversas estratégias eficazes, como a estimulação precoce em todas as partes perceptivas e sensoriais de nosso corpo. Quando não há estratégias para a alfabetização do deficiente visual, a caminhada pode ser irreversível para o aprendizado da escrita e leitura do Braille (ALMEIDA 2002). Isto posto, Almeida (2002, p. 3) enfatiza escrevendo: "Na caminhada educacional de uma criança cega, podem ocorrer inúmeras dificuldades que, se não forem sanadas a tempo, hão de trazer-lhe graves prejuízos e, às vezes, irrecuperáveis danos".

Segundo Vygotsky (1997), o contexto de interação com o meio e sua prática escolar conduzem à apropriação do conhecimento por meio das relações sociais. Com relação à apropriação do conhecimento pela pessoa DV, Nuernberg (2008, p. 3) afirma: "[...] o conhecimento não é mero produto dos órgãos sensoriais, embora estes possibilitem vias de acesso ao mundo" (VYGOTSKY, 1997). Assim sendo, o educador e pesquisador russo afirma que os deficientes visuais não podem se isolar do seu mundo social no processo de aprendizagem.

A estrutura da teoria de Vygotsky e seus conceitos de aprendizagem, considerando as pessoas com deficiência visual, tratam da questão da compensação e supercompensação, além da compreensão sócio-histórica do indivíduo na sociedade em contraposição ao individualismo piagetiano (VYGOTSKY, 1997). Certamente, o professor alfabetizador de crianças cegas reconhece a necessidade de entender tanto a linha do construtivismo social de Vygotsky quanto a perspectiva do construtivismo biológico de Piaget.

Segundo Batista (2005), tanto Piaget como Vygotsky focam na questão da aquisição de conceitos. Piaget representou um marco teórico e empírico e sugeriu etapas ou fases de evolução ao longo da vida. Ele descreve sua teoria em estágios organicistas, que são etapas do desenvolvimento a partir da primeira forma de inteligência, a sensoriomotora, passando pelo início do uso do símbolo, das operações concretas e, finalmente, das operações formais (BATISTA, 2005).

Enquanto Piaget aborda sua teoria na perspectiva do construtivismo biológico com ênfase no aspecto individual, na ação do sujeito sobre o meio, naturalizando a relação indivíduo e sociedade, Vygotsky segue seu pensamento nas leis sócio-históricas (MARTINS, 2014).

1.2.4.1 ESTIMULAÇÃO PRECOCE NA ALFABETIZAÇÃO EM BRAILLE

Conforme já visto neste livro, a base inquestionável para que uma criança cega possa se apropriar de conhecimentos será a estimulação precoce alicerçada na estimulação sensoriomotora (audição e tato).

O trabalho de estimulação precoce deve ser de caráter individual e afetivo envolvendo a família e outros sujeitos que o cercam. A verbalização com a criança cega é fundamental, pois pelo canal auditivo começa a sua estruturação de aspectos linguísticos, assim como o seu relacionamento com o meio social.

Na prática, utilizam-se um conjunto de cadernos de pré-leitura para o Sistema Braille e cadernos de atividades preparatórias para a leitura Braille (adaptado da série *Tactual road to reanding* – formas) desenvolvidos pelo Departamento de Pesquisa e Produção de Material Especializado do IBC, conforme ilustra a Figura 6.

Esse conjunto de atividades estimula a parte sensoriomotora do aluno, pois aguça o cognitivo e sua percepção tátil ao trabalhar retas, curtas, longas e inclinada, entre outras atividades (ALMEIDA, 2016).

Figura 6 – Cadernos de atividades para leitura em Braille

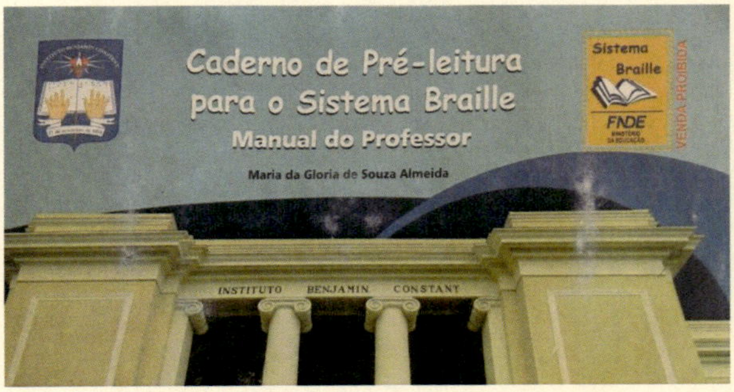

Fonte: INSTITUTO BENJAMIN CONSTANT- IBC. Disponível em:https://www.gov.br/ibc/pt-br/composicao-1/departamentos-do-ibc/departamento-tecnico-especializado-dte/dpme/divisao-de-desenvolvimento-e-producao-de-material-especializado-dpme. Acesso em: 20 jul. 2018.

Cada professor deve traçar seu planejamento dentro da realidade social do aluno, mas pode utilizar o Plano Educativo Individual (PEI) como referencial teórico. Nesse planejamento, o professor pode trabalhar os seguintes eixos com os estudantes com deficiência visual:

- Atividades da vida diária (tomar banho, enxugar-se, escovar dente, comer de forma independente, organizar suas roupas e sapatos, entre outras);
- Preparações para alfabetização (movimentos corporais, lateralidade, amadurecer condutas, refinar percepções e estimular a memória);
- Atividades sensoriomotoras: refinar o tato e audição, por meio de objetos do menor para o maior;
- Desenvolvimento da linguagem: apresentação de materiais concretos e narrações de estórias por parte do professor como também do próprio aluno;
- Utilizar constantemente diversos sons, que ajudam no desenvolvimento do canal auditivo;
- Apresentar produtos em diversos tamanhos (grande, médio e pequeno), com texturas diferenciadas (lisa/áspera/grossa/fina), além de buscar materiais da natureza, como gramíneas, caule de árvore, folhas, terras finas e grossas.
- Apresentar materiais e maquetes bidimensionais e tridimensionais;
- Estimular a participação da família no processo de interação do aluno com seu meio social (família, clube de recreação, igrejas e outros espaços públicos).

1.2.5 RECURSOS DIDÁTICOS PARA O ENSINO DO BRAILLE

O ensino do Braille para uma pessoa Deficiência Visual (DV) exige recursos didáticos apropriados que estimulem a percepção tátil, a coordenação sensoriomotora e a estimulação de outros sentidos remanescentes, principalmente a audição. Dentre esses recursos, devem ser destacados:

a. **Texturas diferenciadas para objetos e numerais**

As formas concretas, bidimensionais e/ou tridimensionais aguçam a parte sensoriomotora do DV que, pelo estímulo do tato, passa a compreender as diferentes formas do relevo — princípio básico adotado por Valentin

Haüy. Esse recurso possibilita o desenvolvimento da parte sensoriomotora do estudante DV, favorece a concepção do liso/áspero, largo/estreito, fino/grosso, alto/baixo, bem como ajudar a identificar objetos de diferentes formas como retângulo, quadrado, triângulo e círculo, além de traçar linhas verticais, horizontais, longas e curtas, entre outros.

b. **Tela bidimensional**

A tela bidimensional (Figura 7) é uma ferramenta didática importante para o indivíduo expressar pelo desenho o seu pensamento sobre as estruturas simbólicas pela construção de imagens mentais.

Figura 7 – Tela bidimensional para desenho

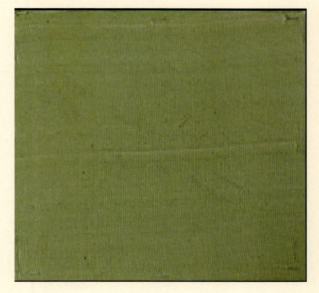

Fonte: o autor

Entretanto, há necessidade de o professor verbalizar, ou seja, explicar sobre esse material apresentado, conforme ilustra a Figura 8 (de numerais e letras). Nesse produto de Tecnologia Assistiva (TA), o professor pode ensinar o alfabeto de A a Z e numerais de zero a dez; em cada gaveta deve haver um objeto em relevo que represente um animal, um meio de transporte ou um utensílio do lar, elementos que possibilitem associação e melhor aprendizado ao estudante com cegueira ou deficiência visual leve, moderada ou grave.

Figura 8 – Objetos bidimensionais: numerais e letras

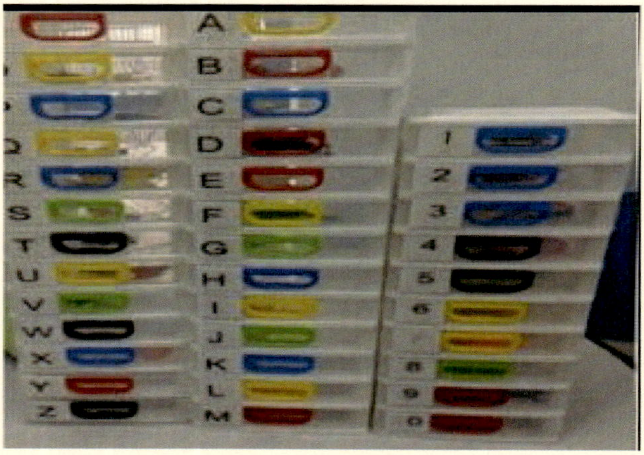

Fonte: o autor

A percepção tátil precisa ser sempre estimulada constantemente para que a parte sensoriomotora do DV compreenda os pontos salientes dos fonemas do Sistema Braille. A ferramenta didática, denominado de alfanumérica, de TA (Figura 9), ajuda tanto o estudante com deficiência visual leve, moderada e grave, como o cego a estimular as pontas dos dedos na exploração tátil dos numerais e do alfabeto em Braille.

Figura 9 – Alfanumérico Braille

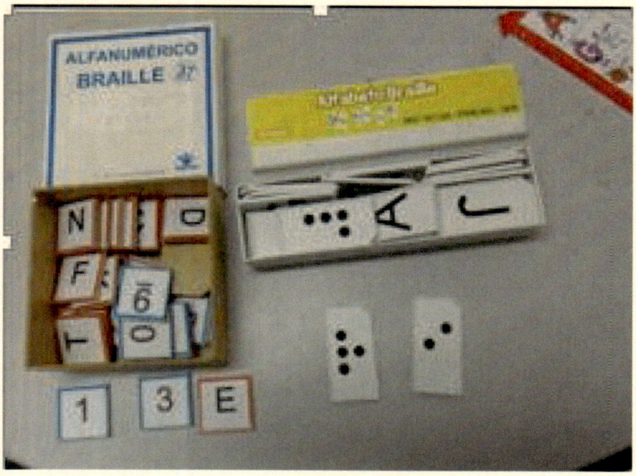

Fonte: o autor

c. Caderno de atividades preparatórias para leitura Braille

O *Caderno de atividades preparatórias para leitura Braille* (Figura 10) desenvolve a parte sensoriomotora fina por meio do alinhavar de roupas, abotoar as camisas e outras ações de controle fino. É necessária uma boa comunicação entre o professor e o estudante DV durante a explicação dessa atividade preparatória para leitura em Braille, a chamada etapa pré-Braille.

Figura 10 – Caderno de atividades para etapa pré-Braille

Fonte: INSTITUTO BENJAMIN CONSTANT- IBC. Disponível em:https://www.gov.br/ibc/pt-br/composicao-1/departamentos-do-ibc/departamento-tecnico-especializado-dte/dpme/divisao-de-desenvolvimento-e-producao-de-material-especializado-dpme. Acesso em: 20 jul. 2018.

d. Esponja, punção e folha de papel

O uso livre dessa ferramenta (Figura 11) proporciona ao estudante DV uma boa condição de força e manejo do punho e das mãos no uso correto da punção. O ato de furar livremente permite que o estudante com deficiência visual explore com suas mãos a textura deixada na folha de papel.

Figura 11 – Esponja e punção e folha de papel

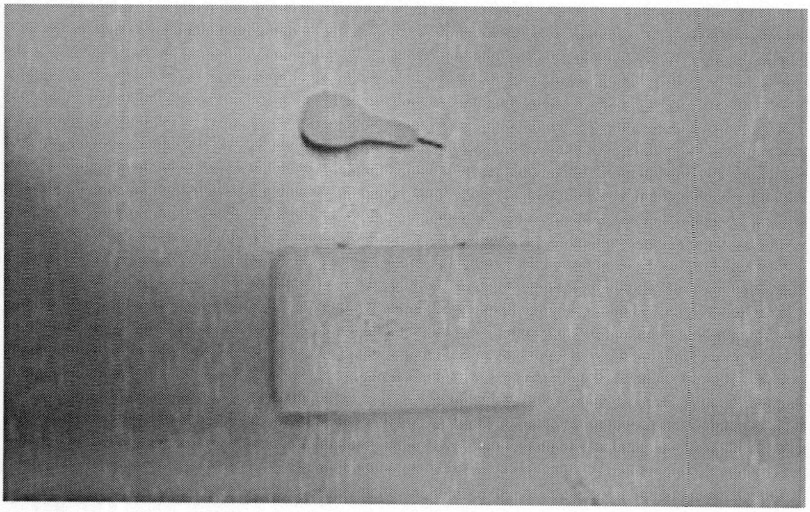

Fonte: o autor

e. **Cela Braille (ou Célula Braille)**

A apresentação da cela Braille (Figura 12) ao estudante cego ou com deficiência visual grave deve ser forma gradual, pois sua aprendizagem é lenta. O professor precisa explicar de modo claro para evitar prejuízos no processo de ensino-aprendizagem da escrita e leitura Braille. Como sugestão didática, o professor deve:

- demonstrar ao estudante DV o formato retangular da cela Braille;
- orientar quanto à lateralidade da cela Braille, colunas esquerda e direita;
- orientar que a coluna esquerda está dividida em três partes representadas pelos pontos 1, 2, e 3;
- orientar que a coluna direita está dividida também em três partes representadas pelos pontos 4, 5 e 6.
- demonstrar que, além da cela Braille ser dividida em duas partes laterais (colunas esquerda e direita), também é dividida horizontalmente em três partes: parte superior representada pelos pontos 1 e 4; parte central representada pelos pontos 2 e 5; e parte inferior representada pelos pontos 3 e 6.

Figura 12 – Cela Braile em formato EVA

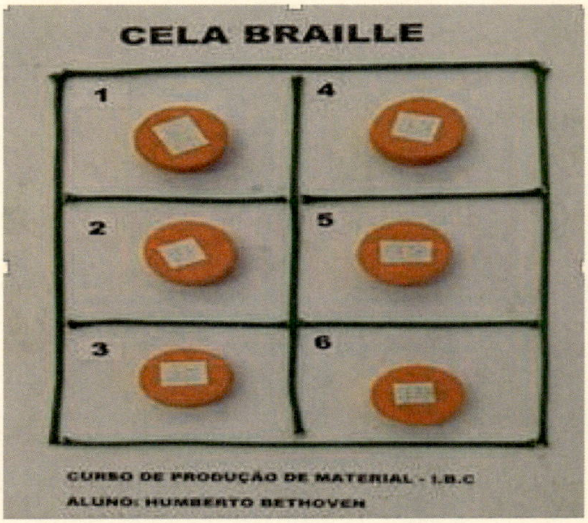

Fonte: o autor

Ao longo do treinamento do estudante DV, cabe ao professor a apresentação dos formatos menores de celas Braille (Figura 13) até chegar ao formato da reglete para o início de alfabetização.

Figura 13 – Cela Braile menor em formato EVA

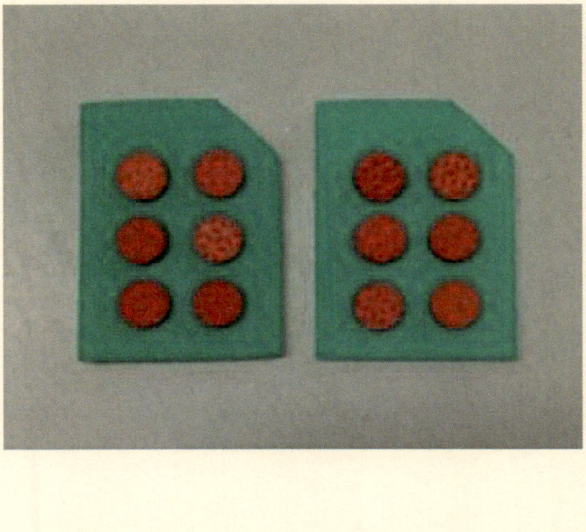

Fonte: o autor

A reglete é uma ferramenta de Tecnologia Assistiva (TA) de suma importância para que os estudantes cegos possam manifestar livremente seu pensamento comunicacional. Foi a invenção de Charles Barbier que deu a possibilidade na época de produzir os pontos em relevo para dar continuidade à sua pesquisa. Assim, a reglete ou mesa de Barbier, ilustrada na Figura 14, foi o primeiro equipamento tiflológico que viabilizou a combinação particular de pontos em relevo para implantar o seu processo de "escrita noturna".

Figura 14 – Reglete de Barbier

Fonte: www.avh.asso.fr/fr Fundação Valentin Haüy (2017)

Cerqueira (2009, p. 8) comenta sobre a reglete original de Barbier:

> Dois quadros retangulares de madeira, com as mesmas dimensões, articulados por dobradiças laterais, uma sobreposta a outra. O quadro superior inclui uma grade perfurada com janelas. A prancha cavada em linhas paralelas, agrupadas em extensões de 6 pontos. O papel era colocado dentro da prancha e com uma ponta chamada "estilo", hoje denominada de punção, furam sulcos interiores da placa, através das janelas da grade progredindo da esquerda para a direita.

Anos depois, Victor Ballu (1829-1907), um ex-aluno de Louis Braille, desenvolveu uma régua de ferro acoplado em madeira retangular, que ficou conhecida como reglete de Ballu, conforme ilustra a Figura 15. Hoje a reglete tem vários formatos: reglete de bolso, reglete convencional e uma nova invenção brasileira, a reglete positiva, que permite que o estudante escreva na forma de leitura.

Figura 15 – Reglete de Ballu

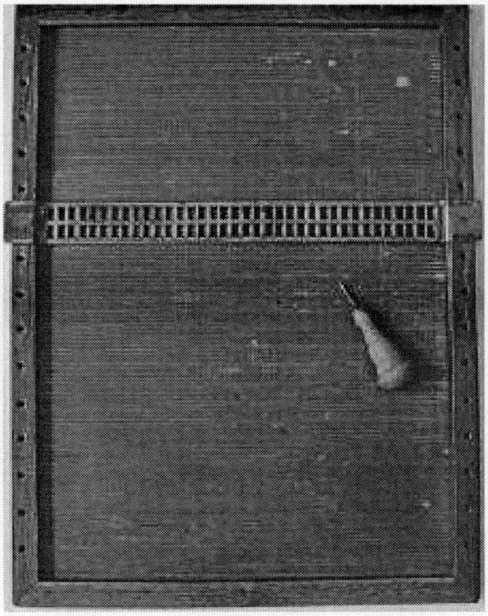

Fonte: www.avh.asso.fr/fr Fundação Valentin Haüy (2017)

O processo da apresentação da reglete para o estudante DV ocorre de forma paralela à cela Braille. Partimos do pressuposto de que o estudante tenha todas as condições sensoriais estimuladas desde a coordenação motora fina ao tato. Esse estudante tem em seu estágio inicial dificuldades junto à reglete, por isso cabe ao professor corrigir e superar suas dificuldades com muita paciência.

O uso da reglete deve seguir o seguinte padrão:

- manusear e explorar toda a reglete;
- abrir, fechar e posicionar o papel na posição correta na reglete;
- explorar e entender a função da punção na cela Braille;
- desenvolver a técnica de empunhadura na punção e deixar que o estudante execute livremente a perfuração, sempre fazendo correções;

Figura 16 – Reglete negativa e punção atual

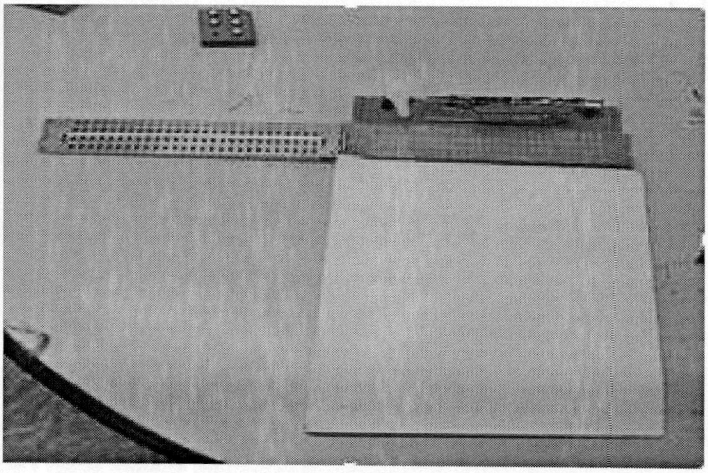

Fonte: o autor

- Fazer com que o estudante DV sinta o prazer em utilizar a reglete, por isso deve-se utilizar tempos intercalados com outros exercícios;
- Posicionar a punção da direita para esquerda na posição da escrita quando escrever na reglete;
- Demonstrar que a escrita sai no sentido inverso, e no processo de leitura fazer o "espelhamento da folha";
- Mostrar que o processo de leitura na folha se dá pela progressão da ponta dos dedos da esquerda para direita, de forma vertical;
- Falar sobre o "espelhamento": em caso da *reglete positiva,* não é necessário explicar a questão do espelhamento; caso utilize a *reglete negativa,* o professor deve ter o cuidado de explicar ao aluno por diversas vezes a questão do espelhamento relativo à escrita e à leitura;
- Observar se o aluno possui forças nas mãos para usar a reglete, caso contrário, é inevitável o uso da máquina de datilografia Braille;
- Levar o estudante a explorar tudo aquilo que produziu na ponta dos dedos, já utilizando técnicas de leitura Braille;
- Desenvolver a técnica da escrita e leitura com objetos concretos, em que o estudante DV possa materializar a imagem com eixo linguístico;

- Seguir uma metodologia: após o estudante DV aprender as vogais, o professor deve inserir pequenas palavras com consoantes, como bola, casa, bolo, cor, entre outras;
- Contar histórias de livros verbalizando para que o estudante DV desenvolva a compreensão linguística;
- Considerar caso de estudante DV acometido de paralisia cerebral com força diminuída nas mãos. Nesse caso, deve-se avaliar junto à equipe multidisciplinar/fisioterapeuta o uso da máquina de datilografia Braille.

f. **Máquina de escrever Braille**

A máquina para escrever Braille foi inventada por Franck H. Hall em 1892, nos Estados Unidos, e Oscar Picht, na Alemanha. No início, essas máquinas eram muito caras, mas a demanda pelo produto incentivou os pesquisadores a criarem novos modelos. A máquina Braille moderna mais conhecida na atualidade é a Perkins (Figura 17), criada por Thomas Perkins.

Além dela, existe atualmente uma máquina de escrever em Braille computadorizada denominada de Smart Perkins, que facilita o aprendizado do estudante DV, pois permite o acompanhamento das tarefas e exercícios escolares pela família. O equipamento tem um visor digital que mostra a palavra digitada em tinta. Essa vantagem permite que um familiar alerte o estudante DV sobre eventuais erros de escrita.

Figura 17 – Máquina Perkins manual

Fonte: o autor (2016)

1.3 TATO E AUDIÇÃO COMO CANAIS DE APRENDIZAGEM

1.3.1 O SISTEMA SENSORIAL DO CORPO HUMANO

Visão, tato, audição, olfato e paladar constituem os sentidos e dependem do sistema sensorial para executarem suas funções. O sistema sensorial permite que o organismo identifique os estímulos internos ou oriundos do ambiente externo, gerando uma resposta fisiológica.

Os receptores sensoriais localizados nos órgãos de sentidos são representados pelos terminais nervosos, por meio dos quais recebemos estímulos que são convertidos em impulsos nervosos (REED, 1994).

Os receptores são categorizados, segundo Steinbach (1987), em diferentes três classes de acordo com os estímulos recebidos:

a. receptores exteroceptores, que se localizam na parte externa do corpo e podem ser acionados por impulsos luminosos, auditivos, térmicos e barométricos (pressão);

b. receptores interceptores, localizados nos órgãos do interior do corpo;

c. receptores proprioceptores, que proporcionam o equilíbrio do corpo no espaço.

Conforme Reed (1994), os receptores sensoriais podem ser classificados em quimioceptores, que são aqueles incumbidos do paladar e do olfato; fotoceptores, que são receptivos à luz; termoceptores, aqueles sensíveis às variações de temperatura; mecanoceptores, que se encarregam pelas sensações auditivas e táteis.

Para a Fisiologia, quando um ou mais sentidos estão ausentes ou pouco funcionantes, outro sentido pode compensar suas atividades em prol da homeostase do organismo. Assim, a aprendizagem de uma pessoa com Deficiência visual (DV) ocorre por meio da estimulação neuronal de forma adaptativa e compensatória.

Porém, existem outras ideias. O cientista soviético Lev S. Vygotsky (1896-1934) correlaciona o conceito de compensação do sentido da visão e audição não como fator biológico da compensação dos órgãos, mas como a estimulação de outros sentidos remanescentes por meio da plasticidade cerebral. Em sua obra clássica denominada *Fundamentos de defectologia*, Vygotsky (1997, p. 50) afirma: "[...] não existe diferença alguma entre a educação de uma criança vidente e uma criança cega". Essa afirmação de Vygotsky não elimina as diferenças de caráter didático e pedagógico no processo ensino-aprendizagem.

Ele observa que ambos, normovidentes[11] e cegos, podem aprender em um mesmo espaço de aprendizagem. Portanto, Vygotsky observa a superação do sujeito por meio da compensação social e de instrumentos artificiais que causarão uma mediação simbólica no processo de aprendizado.

É importante perceber que o conceito de compensação de Vygotsky ocorre pela via social e de recursos educacionais, não pela via da substituição de sentidos biológicos — assim, a apropriação de materiais didáticos concretos possibilitarão estimulação de outros canais sensoriais (NUERNBERG, 2008).

Conforme Luria (2012), as funções neurais trabalham em conjunto como um todo e não de modo isolado, o que significa que para compreender o cérebro é necessário entender o seu sistema funcional e compreender as funções mentais.

De acordo com Fonseca (2007, p. 37), na construção teórica luriana, a concepção de aprendizagem ocorre pela "[...] criação de conexões entre muitos grupos de células que se encontram frequentemente localizado em distantes áreas (unidades funcionais) do cérebro". Assim, segundo esse autor, Luria fortalece o pensamento de Vygotsky no que se refere à aprendizagem mediada.

1.3.2 IMPORTÂNCIA DO TATO PARA O DEFICIENTE VISUAL

Para Montagu (1988), o tato é a principal função sensorial do corpo. Quando uma criança perde precocemente a visão, passa a ter a compreensão do mundo pela estimulação dos sentidos remanescentes: tato, audição, paladar e olfato (SOUSA, 2011). Nesse caso, a criança deficiente visual necessita de estimulação precoce; caso isso não aconteça, certamente terá dificuldades no processo de orientação e mobilidade e, por consequência, terá dificuldades no processo de ensino-aprendizagem (MELLO; MACHADO, 2017).

Seguindo nessa mesma linha de pensamento, Griffin e Gerber (1996) descreveram a categoria tátil como um sentido que não responde por si só, visto que precisa da complementação da percepção e da interpretação por meio de exploração sensoriomotora.

[11] Normovidentes são pessoas que enxergam.

Na prática, constata-se que a significação tátil da pessoa com deficiência visual (DV) será cada vez mais aguçada se texturas diferenciadas lhe forem apresentadas para análise e percepção, levando o DV a interpretar pelo seu cognitivo as diferenças entre liso/áspero, fino/espesso (BECHARA, 2008; MELLO, 2017).

Sabe-se que os deficientes visuais adquiridos possuem uma cognição tátil diferenciada em relação aos deficientes visuais congênitos. Nesse grupo devem ser incluídas as crianças que eram normovidentes e precocemente perderam a visão, pois essas pessoas DV têm referências visuais e coordenações neurais bem diferenciadas em relação ao cego congênito. Essas diferenças são, principalmente, quanto ao cognitivo na parte espacial (orientação e mobilidade) da pessoa DV adquirida. Em função do exposto, é possível afirmar que a pessoa DV adquirida não possui imagens compartilhadas para facilitar a sua compreensão espacial.

Vygotsky (1997), em sua obra *Fundamentos de defectologia*, aborda a compensação da cegueira, via sensibilidade tátil e auditiva, para o desenvolvimento pedagógico da criança. Nessa mesma linha de pensamento, Lowenfeld (1971) afirma que a criança DV reage a todos os estímulos sensoriais, principalmente audição e o tato, quando incluídos no mesmo ambiente, ou seja, a criança DV compreende o mundo social pelo canal auditivo e o mundo concreto via percepção tátil.

Para reforçar as ideias da compensação da cegueira, defendidas por Vygotsky e Lowenfeld, atualmente existem estudos que comprovam a reorganização do córtex cerebral, ou seja, nenhum dos processos mentais são isolados ou indivisíveis, visto que passam por uma reorganização conhecida como plasticidade cerebral (RANGEL *et al.*, 2010).

Portanto, a plasticidade cerebral é a capacidade do Sistema Nervoso Central de modificar-se e reestruturar o seu próprio funcionamento, tanto do sistema sensório-motor como de seus canais de percepção (Figura 18).

Segundo Rangel e coautores (2010), a reorganização do córtex visual que ocorre em pessoas cegas pode, assim, beneficiar o cotidiano da pessoa com deficiência visual, por meio da plasticidade cerebral, oportunizando ao deficiente visual estímulos sensoriais como a percepção tátil-cinestésica e auditiva.

Figura 18 – Áreas funcionais do cérebro

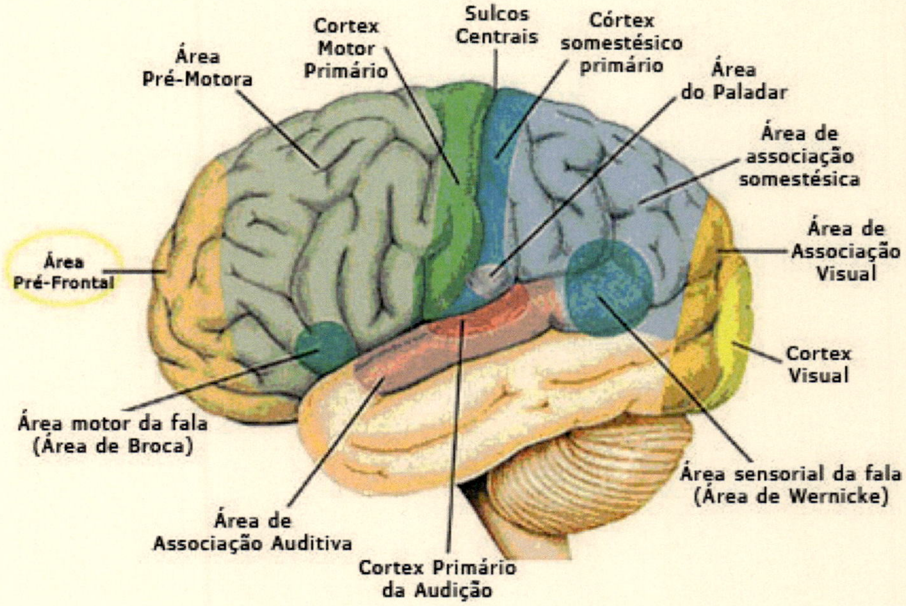

Fonte: Periódico *Ciências&Cognição0*Disponível em: https://cienciasecognicao.org/neuroemdebate/arquivos/3340. Acesso em: 20 set. 2023

1.3.3 IMPORTÂNCIA DA AUDIÇÃO PARA O DEFICIENTE VISUAL

Considerando uma criança cega congênita, alguns autores, como Barraga (1986), demonstram que, diante da ausência da visão, essa criança cega procurará entender o mundo, inicialmente, a partir dos elementos sonoros. Isso explica porque as pessoas deficientes visuais são bastante sensíveis à inflexão, volume, cadência, ressonância e intensidades dos sons produzidos pela fala das pessoas.

Quando crescida, a criança interage com outras pessoas. Se alguém lhe descreve um objeto, essa criança com Deficiência visual (DV) precisa ajustar aquilo que conhece por meio de suas percepções e aquilo que lhe está sendo descrito. Evidentemente, esse processo é vagaroso e, por conseguinte, a criança deficiente visual demorará um pouco mais na evolução do seu cognitivo que uma criança vidente (AMERICO *et al.*, 2002).

Na tentativa de adquirir conhecimentos, a criança cega usa também o tato, que de modo semelhante à audição também é uma função sensorial lenta para a aprendizagem. A busca da integração desses sentidos, tato e audição, como fontes receptoras de informações do ambiente amplia a aprendizagem do deficiente visual (MACHADO, 2015).

Embora o tato tenha se torna muito relevante a partir da década 1990, devido à chegada de novas ferramentas tecnológicas, ele não substitui a audição. São funções que interagem e se complementam para suprir a falta da visão no processo de ensino- aprendizagem do deficiente visual. Muitos elementos materiais que a criança DV não vê podem ser aprendidos pela audição, pela fala, pela linguagem, no entanto, alguém precisa descrevê-los para o deficiente visual (MONTAGU, 1988; MACHADO, 2015). Torna-se importante lembrar que, nas pessoas que enxergam, a audição pode ser monitorada objetivamente pelos olhos, enquanto nos deficientes visuais a audição é um sentido subjetivo, por isso a necessidade do ajuste entre aquilo que se conhece por percepções e aquilo que é descrito pela fala do interlocutor (AMERICO *et al.*, 2002; MACHADO, 2015).

O advento da Tecnologia Assistiva por meio da informática abriu novos horizontes para a inclusão social dos deficientes visuais, pois esses avanços tecnológicos ampliaram as oportunidades de aprendizagem pelo sentido da audição. Os cegos interagem com o computador principalmente pela audição, enquanto os indivíduos com deficiência visual leve, moderada e grave desenvolvem uma interação auditiva e visual. Ambos, cegos e pessoas com deficiência visual leve, moderada e grave, progredindo da esquerda para a direita, também interagem com as teclas do equipamento usando a memória tátil em seus benefícios (MACHADO, 2015).

1.4 RECURSOS TECNOLÓGICOS EDUCACIONAIS PARA OS DEFICIENTES VISUAIS

1.4.1 A IMPORTÂNCIAEDUCACIONALDASTECNOLOGIAS DEINFORMAÇÃOE COMUNICAÇÃO E DA TECNOLOGIA ASSISTIVA

As tecnologias em ambientes virtuais possibilitaram novos horizontes para as pessoas com deficiência visual, ampliando a sua interação social via rede mundial de computadores. Segundo Costa e coautores (2012), as Tecnologias de Informação e Comunicação (TICs) são representadas por um conjunto de tecnologias virtuais que facilitam a aprendizagem por meio de identificação, desenvolvimento, organização e utilização sistemática de recursos de aprendizagem.

Da mesma forma, Sonza e Santarosa (2004) afirmam que a associação das TICs às Tecnologias Assistivas melhora o relacionamento social e o desenvolvimento do processo ensino-aprendizagem da pessoa com deficiência visual.

Conforme Galvão (2012, p. 67), "[...] as Tecnologias de Informação e Comunicação mudaram definitivamente as formas da humanidade se relacionar com saber, com ensinar e aprender". Hoje, as TICs influenciam não só em caracteres sociais, mas também nos aspectos educacionais, econômicos, culturais e políticos. A cada dia aparecem novidades relativas às TICs, que ao longo dos últimos anos têm incorporado aperfeiçoamentos tecnológicos no cotidiano do deficiente visual.

1.4.1.1 CONCEITO DE TECNOLOGIA ASSISTIVA (TA)

O conceito de Tecnologia Assistiva, construído pelo Comitê de Ajudas Técnicas (CAT), por lei específica foi introduzido no Brasil pela Secretaria Especial dos Diretos Humanos. Para a formulação do conceito, os seus membros buscaram referenciais teóricos em leis brasileiras e normativas internacionais, especialmente em países europeus e nos Estados Unidos. Por conseguinte, a referida Comissão consolidou o conceito em Ata da reunião do CAT realizada em dezembro de 2007.

> Tecnologia Assistiva é a área do conhecimento, interdisciplinar, que engloba produtos, recursos, metodologias, estratégias, práticas e serviços que objetivam promover a funcionalidade, relacionada à atividade e participação, de pessoas com deficiência, incapacidades ou mobilidade reduzida, visando sua autonomia, independência, qualidade de vida e inclusão social (CAT, 2007, p. 3).

De forma simples, a Tecnologia Assistiva é o conjunto de ferramentas que objetiva a autonomia, eliminando barreiras para as pessoas com deficiências visuais, auditivas, intelectuais ou motoras (BECHER, 2017).

Considerando os conceitos apresentados na legislação brasileira (BRASIL, 2009), que trata dos "elementos de Tecnologia Assistiva" (Decreto n.º 3.298/1999) e os "produtos, instrumentos, equipamentos de Tecnologias

Assistivas" (Decreto n.º 5.296/2004), a Caixa Tátil-Sonora (CaTS) ajusta-se como tal, pois é um artefato educacional que favorece a funcionalidade e a realização das atividades pretendidas (aquisição do conhecimento) por pessoa com deficiência, promovendo a sua autonomia pessoal.

1.4.2 TECNOLOGIAS NA EDUCAÇÃO DO DEFICIENTE VISUAL

Em 2010, o Instituto Brasileiro de Geografia e Estatística (IBGE) constatou que no país havia 13.265.599 de pessoas com algum tipo de deficiência visual, sendo que 6.562.910 eram deficientes visuais graves[12] (IBGE, 2010). Segundo as estatísticas educacionais liberadas recentemente, o número de estudantes deficientes visuais que tem acesso ao ensino no Brasil ainda é extremamente pequeno. Em 2017, o Instituto Nacional de Pesquisa Educacionais Anísio Teixeira (INEP), mostrou que o número de estudantes deficientes visuais matriculados na educação especial em "classes comuns" do ensino regular totalizava 76.991 estudantes, sendo 6.159 cegos e 70.832 com deficiência visual leve, moderada e grave. O Inep ainda utiliza em seus formulários de coleta de dados junto às unidades escolares da federação o termo *baixa visão* (INEP, 2018).

Com relação às classes denominadas exclusivas, havia 5.219 estudantes matriculados, sendo 1.233 estudantes cegos e 3.986 estudantes com deficiência visual leve, moderada e grave. Conclui-se que a totalidade de estudantes matriculados com deficiência visual em todas as unidades da federação é de apenas 81.210 estudantes dentro de um universo de 6.562.910 de pessoas com deficiência visual (INEP, 2018).

Esses dados constituem um sinal de alerta para o governo, mostrando que há necessidade de mais investimentos na educação especial. O país precisa preparar mais profissionais capacitados nessa área; necessita ampliar a aquisição de materiais didáticos, incentivar a promoção da criatividade e gerar novas tecnologias para o ensino das pessoas com deficiência visual.

O governo brasileiro precisa investir em TICs e em ambientes digitais, elementos de TA propulsores da emancipação dos deficientes visuais que, por meio dos *softwares* e *hardwares* com sintetizadores de voz aberta terão mais possibilidades de acessar o conhecimento. Medidas dessa natureza trarão equidade social para essa numerosa população de deficientes visuais que, por enquanto, permanece fora da escola (COSTA, 2012).

---

12 **Deficiência visual grave**, de acordo com a nova CID-119D90.3, CID essa publicada em 2022. A deficiência visual grave é representada pela acuidade visual menor que 6/60 ou igual ou maior que 3/60 (WHO, 2022).

Sonza e Santarosa (2004) concordam com essas ideias. Argumentam que a maioria dos recursos utilizados em TA (*softwares* e *hardwares*) estão nas telas dos computadores, como o Dosvox, um programa brasileiro que permite uma interação direta do computador com o deficiente visual pela síntese de voz. Destacam-se ainda os *softwares* leitores de telas como *Job Access With Speech* (JAWS); o Virtual Vision (único leitor desenvolvido no Brasil); o *Non Visual Desktop Access* (NVDA); ORCA; e VOICEOVER.

De acordo com Pinochet (2014), as pessoas com deficiência visual tiveram os primeiros contatos com as novas tecnologias e inovações do mundo digital a partir de 1990, abrindo novas perspectivas de integração à sociedade. O uso das ferramentas de informática abriu o acesso à informação, ampliando as possibilidades na educação das pessoas com deficiência visual.

1.4.3 SALA DE RECURSOS MULTIFUNCIONAIS E ESTRATÉGIAS DIDÁTICO-PEDAGÓGICAS PARA O ENSINO DE DEFICIENTES VISUAIS

A Sala de Recurso foi criada no bojo do programa de atendimento complementar e suplementar para todas as pessoas com deficiências, transtornos globais do desenvolvimento e altas habilidades pela Lei n.º 10.845, de 5 de março de 2004, com a característica fundamental de "complementação ao atendimento especializado" (BRASIL, 2014). Esse programa procurou atender ao Art. 208 da Constituição, conforme observamos texto a seguir:

> Art. 1º [..,]
> I - garantir a universalização do atendimento especializado de educandos portadores de deficiência cuja situação não permita a integração em classes comuns de ensino regular;
> II - garantir, progressivamente, a inserção dos educandos portadores de deficiência nas classes comuns de ensino regular (BRASIL, 2014).

Ao mesmo tempo, essa medida, fundamental para o funcionamento do Atendimento Educacional Especializado (AEE), buscava atrair novas matrículas em classes comuns e evitar a evasão dos estudantes com deficiências, transtornos globais do desenvolvimento e altas habilidades no ensino regular.

De acordo com a legislação atual (BRASIL, 1996; 2008a; 2008b; 2009; 2011), o AEE deve ser praticado de forma complementar e suplementar na construção, na apropriação de conhecimentos para os estudantes com deficiência visual e outras deficiências, e deve ser sempre realizado no contraturno da classe regular. A regulamentação e as atribuições do docente do AEE estão estabelecidas na Nota Técnica 55 do MEC/SECADI/DPEE (BRASIL, 2013):

> Art. 13. São atribuições do professor do Atendimento Educacional Especializado:
> I – identificar, elaborar, produzir e organizar serviços, recursos pedagógicos, de acessibilidade e estratégias considerando as necessidades específicas dos alunos público-alvo da Educação Especial;
> II – elaborar e executar plano de Atendimento Educacional Especializado, avaliando a funcionalidade e a aplicabilidade dos recursos pedagógicos e de acessibilidade;
> III – organizar o tipo e o número de atendimentos aos alunos na sala de recursos multifuncionais;
> IV – acompanhar a funcionalidade e a aplicabilidade dos recursos pedagógicos e de acessibilidade na sala de aula comum do ensino regular, bem como em outros ambientes da escola;
> V – estabelecer parcerias com as áreas intersetoriais na elaboração de estratégias e na disponibilização de recursos de acessibilidade;
> VI – orientar professores e famílias sobre os recursos pedagógicos e de acessibilidade utilizados pelo aluno;
> VII – ensinar e usar a tecnologia assistiva de forma a ampliar habilidades funcionais dos alunos, promovendo autonomia e participação;
> VIII – estabelecer articulação com os professores da sala de aula comum, visando à disponibilização dos serviços, dos recursos pedagógicos e de acessibilidade e das estratégias que promovem a participação dos alunos nas atividades escolares.

Para Patricia e Martinez (2011), o AEE voltado para deficientes visuais (DV) necessita de recursos didáticos e pedagógicos adequados para seu desenvolvimento pleno. Galvão (2012) acredita que os recursos de "[...] Tecnologia Assistiva devem ser disponibilizados para as salas de aula inclusiva, atendendo as necessidades específicas de cada estudante", permitindo a construção de um caminho compensatório para o seu desenvolvimento cognitivo.

Considerando o AEE voltado para os deficientes visuais, a Sala de Recursos Multifuncionais (SRM) leva em conta as necessidades específicas do estudante com DV, por isso constitui um setor complementar e suplementar à sua formação. É um setor que perpassa todos os níveis, etapas e modalidades de ensino, sem substituí-los, realizando atividades no contraturno (turno inverso) de modo complementar e suplementar à classe regular.

Esse setor não funciona como sala de reforço escolar para o estudante DV, mas usa recursos de TA para promover acesso, participação e interação nas atividades escolares. O horário dessas atividades específicas deve ser flexível e planejado em função da programação geral da escola. Para atender ao aluno e não gerar prejuízos para sua escolaridade, os horários devem ser agendados com dia e hora preestabelecidos para que o estudante DV frequente a classe regular no contraturno ao atendimento da SRM.

De acordo com dados publicados pelo Instituto Nacional de Estudos e Pesquisas Educacionais Anísio Teixeira (INEP, 2017), comprova-se a evolução das matrículas em sala de recursos nas escolas regulares e demonstra-se a diminuição da procura de DV em escolas especializadas, como vemos no Gráfico 2.

Gráfico 2 – Evolução de matrículas na Educação Especial de estudantes com DV em escolas especializadas e/ou no ensino regular de 2002-2016

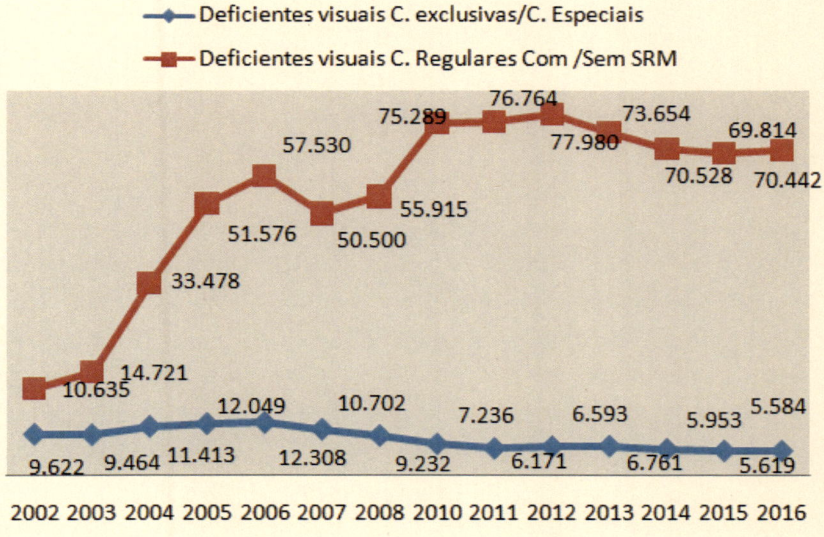

Fonte: INEP (2016) INEP – Instituto Nacional de Estudo e Pesquisas Educacionais Anísio Teixeira. **Sinopse Estatística da Educação Básica 2016**. Brasília: Inep, 2016. Disponível em: https://www.gov.br/inep/pt-br/acesso-a-informacao/dados-abertos/sinopses-estatisticas/educacao-basica. Acesso em: 11 jun. 2023

Conforme a proposta pedagógica de cada escola, caberá ao professor do Atendimento Educacional Especializado (AEE) a organização dos serviços e recursos de acessibilidade aos estudantes cegos e com deficiência visual. O professor de AEE deve criar espaços que possibilitem o acesso aos produtos adaptados produzidos pelos centros de referência, tanto estaduais (ex.: CAPS) como nacionais (ex.: Instituto Benjamin Constant), além dos materiais produzidos pela própria unidade escolar.

1.5 IMPORTÂNCIA DOS MAPAS TÁTEIS PARA O ENSINO DOS DEFICIENTES VISUAIS

De acordo com Loch (2008, p. 35),

> [...] os mapas táteis podem funcionar como recursos educativos ou como facilitadores de mobilidade da pessoa com deficiente visual em edifícios públicos de grande circulação, terminais rodoviários, metroviários, aeroviários, *shopping centers*, campi universitários e em centros urbanos.

Trata-se de um eficaz recurso de TA, pois promove a independência de mobilidade e, ao mesmo tempo, amplia a capacidade intelectual dos deficientes visuais.

Segundo D'Abreu e Bernardi (2011), o mapa pode ser itinerante, em formato de papel ou digital, com representações gráficas, símbolos, escalas e diferenciações dos aspectos geográficos.

A produção dos mapas táteis depende de vários fatores de conhecimento não só na arte de produzir os relevos, mas de entender a colocação dos signos no mapa. Assim, a cartografia tátil é um ramo específico da Cartografia que se ocupa da confecção de mapas e gráficos táteis, produtos necessários para o ensino e mobilidade das pessoas deficientes visuais.

Em 1966 *Association Cartographique Internationale* (ACI), definiu o conceito de cartografia como um conjunto de estudos e das operações científicas, artísticas e técnicas que intervêm a partir dos resultados das observações diretas ou da exploração de uma documentação, tendo em vista a elaboração de cartas, plantas e outros modos de expressão, assim como sua utilização (ACI, 1966).

Muitos autores como Sanchez (1981) estão de acordo com esse conceito, especialmente quanto à elaboração e utilização das representações gráficas e outras formas de expressão como plantas, cartas, mapas, diagramas e gráficos táteis.

Conforme Nogueira (2009), não há convenções internacionais para produção dos mapas táteis. Como essa padronização não existe, o Laboratório de Pesquisa de Cartografia Escolar (LabTATE/UFSC) desenvolve pesquisas para a elaboração de novas técnicas para o desenvolvimento e produção da cartografia escolar e tátil desde 2006.

Em decorrência dessa inexistência de padrões cartográficos táteis aceitos mundialmente, como acontece na cartografia analógica, há necessidade de cada país criar seus padrões e estabelecer normas para a área da cartografia tátil.

Há uma certa urgência de que a comunidade de geógrafos discuta e aprofunde esse tema de sistema de padronização ou de alguns critérios únicos a serem referendados na cartografia tátil. Seguem algumas sugestões de elementos a serem padronizados: tamanho do mapa, cores, generalização dos mapas, elementos táteis nas áreas, linhas, elementos táteis (grafia Braille) e pictogramas, legendas, norte, barra de escala, entre outros.

1.5.1 GENERALIZAÇÃO CARTOGRÁFICA DO MAPA TÁTIL

O conceito de generalização cartográfica é fundamental na produção de um mapa tátil. Essa metodologia melhora a legibilidade e a representação espacial do produto, favorecendo o entendimento pela pessoa deficiente visual. Conforme Nogueira (2009) e Régis (2016), a produção de matrizes adaptadas em mapas táteis precisam atender às duas vertentes, gráfica e conceitual, indicadas na Figura 19.

Figura 19 – Diagrama de generalização de mapas táteis

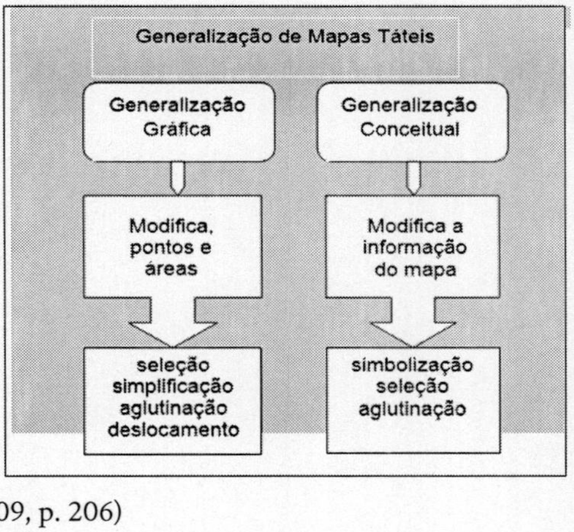

Fonte: Nogueira (2009, p. 206)

Nogueira (2009), Ventorini (2011) e Régis (2016) recomendam que a produção de mapas táteis pela generalização gráfica precisa observar determinados atributos, como: formatar o mapa em seu original, respeitar e informar a escala, facilitar a fluência tátil pela adaptação (inclusão de grafia Braille e texturas diferenciadas) e pelo uso de informações claras que reduzam as dificuldades táteis para o deficiente visual (DV). Há necessidade da simplificação dos contornos gráficos na adaptação tátil para possibilitar a exploração tátil com mais clareza.

Os processos envolvidos na generalização conceitual precisam facilitar a leitura tátil, tanto para o estudante cego como para o estudante com deficiência visual leve, moderada e grave. Para o estudante cego, as informações táteis presentes no mapa tátil devem ser muito bem representadas por texturas diferenciadas e com um ponto de referência; tratando-se do estudante com deficiência visual leve, moderada e grave, deve-se executar uma cuidadosa formatação das letras, buscando o tamanho adequado, e as cores precisam ser contrastantes.

Segundo Nogueira (2009) e Régis (2016), a metodologia de generalização conceitual obedece a três estratégias que devem ser aplicadas na confecção dos mapas táteis: aglutinação, seleção do mapa e simbolização. Na primeira estratégia, a aglutinação, recomenda-se a necessidade de acompanhamento por um profissional da área específica devido à diversidade dos dados existentes nos mapas, como legenda e informações textuais relevantes para o deficiente visual. Na segunda estratégia, seleção do mapa que será adaptado, o professor deve selecionar as principais informações que serão inseridas no mapa tátil. E, finalmente, na terceira estratégia, a simbolização, ocorrerá a adaptação dos símbolos existentes e a criação de novos símbolos que representem os fenômenos e os processos.

1.5.1.1. GENERALIZAÇÃO CARTOGRÁFICA DOS MAPAS DE BIOMAS DO BRASIL

A generalização cartográfica dos mapas foi executada para atender às propostas pedagógicas dos ensinos fundamental e médio. Foi feita a seleção visual e a descrição dos mapas geográficos de acordo com os dados fornecidos no livro de referência, elaborado em conjunto com a equipe do Laboratório de Cartografia Tátil Escolar (LabTATE/UFSC) que contribuiu com críticas e sugestões.

Na Figura 20, observa-se o *layout*[13] do mapa que atende à proposta de generalização cartográfica. Para garantir a compreensão do mapa proposto pelo estudante DV, foram feitas a seleção do tema e da informação textual inseridas. Além disso, foi feita a suavização do mapa para uma exploração tátil adequada e realizou-se o deslocamento/a aglutinação dos elementos cartográficos do mapa.

Outro fator considerado na generalização cartográfica foi a busca pela adaptação dos mapas respeitando-se o contraste das cores e o tamanho da fonte, elementos fundamentais para os estudantes com deficiência leve, moderada e severa — comumente na literatura chamados de baixa visão.

Figura 20 – Bioma do Pantanal generalizado

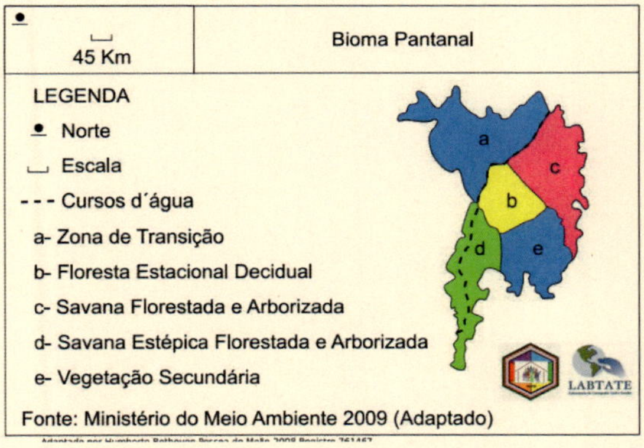

Fonte: Ministério do meio Ambiente. (MMA), https://www.gov.br/mma/pt-br (2009); layout do LabTATE (2018)

O design gráfico representado na Figura 21 proporciona uma leitura visual suavizada do mapa tátil sobre o bioma Pantanal, onde são observadas as diversas representações gráficas, como título, legenda e orientação geográfica representativa de relevo, rios, lagoas e áreas de vegetação.

Contudo Nogueira (2009, p. 156) corrobora com o tema da generalização para mapa tátil e traz à luz esse tema afirmando: "E estas, para serem representadas em um mapa, devem atender aos objetivos para o qual

[13] *Layout* é uma palavra inglesa que indica simultaneamente a distribuição física dos tamanhos de elementos contidos em esboço de um trabalho final.

o mapa está sendo construído, além da importância de serem visualizados com clareza".

Assim, nesta obra, a generalização cartográfica relativa aos biomas brasileiros foi proposta pelo orientador a fim de atender não só a concepção da adaptação tátil, mas também de atender a proposta pedagógica no ensino fundamental e médio.

Figura 21 – Bioma do Pantanal

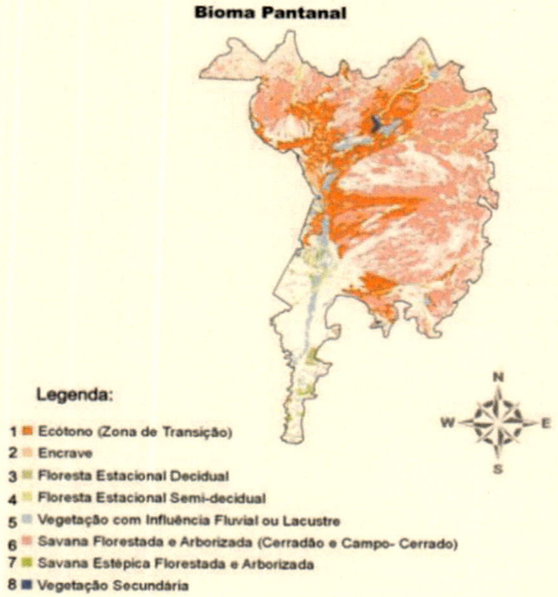

Fonte: Ministério do meio Ambiente. (MMA), https://www.gov.br/mma/pt-br (2009)

Entretanto, na adaptação de um mapa tátil[14], no caso dos biomas brasileiros, esse processo pode variar de acordo com o tamanho, a adaptação da grafia Braille, a textura, a cor, a orientação e o valor. É possível aprimorar os fenômenos representados, sendo denominados de variáveis gráficas ou variáveis visuais (REGIS, 2016).

[14] **Adaptação dos mapas táteis** sobre biomas do Brasil com suas respectivas escalas e variáveis táteis.

O que se entende por variáveis gráficas ou variáveis visuais? De acordo com Nogueira (2008) as variáveis táteis podem ser definidas em um mapa ou em uma maquete em tamanho, forma, padrão e volume. Vejamos na Figura 22 as características dessas variáveis em concepção de textura representando uma determinada localização geográfica em linhas para demarcar espaços fronteiriços em "símbolos especiais" para rios, mares, oceanos e o norte geográfico para orientar a compreensão do deficiente visual. Entretanto, a presença da grafia Braille como variável gráfica no material adaptado, seja ele um mapa tátil ou uma maquete, é fundamental na contextualização do produto a ser desenvolvido.

Figura 22 – Mapa tátil adaptado com variáveis gráficas

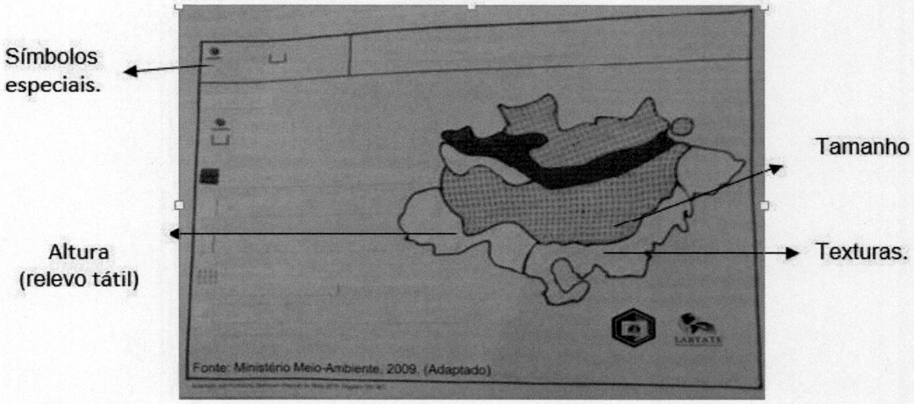

Fonte: o autor

1.5.2 ADAPTAÇÃO DOS MAPAS TÁTEIS

A seleção do mapa deve utilizar a metodologia da generalização gráfica. O adaptador deve criar um layout que respeite, sempre que possível, a fidelidade do mapa geográfico a ser adaptado. Para obter-se uma consistente base para essa adaptação, principalmente para os mapas das disciplinas de Geografia e História, usa-se frequentemente o tratamento das imagens pelo aplicativo Inkscape[15], visto que esse *software* possui ferramentas de cálculo de escala, além de vários recursos inclusivos como, cores para deficiência visual diminuída[16].

[15] Inkscape é um software livre para editoração eletrônica de imagens e documentos vetoriais, com base em uma versão mais avançada do antigo Sodipodi, a partir do qual se originou.

[16] Deficiência Visual Diminuída (WHO, 2022).

Os mapas táteis são ferramentas inclusivas interpretadas pelo sentido do tato, por isso, há grande preocupação com o uso de texturas diferenciadas como liso/áspero, corrugado, ondulados entre outros. Para uma pessoa com deficiência visual distante, seja ela leve, moderada e severa, dois aspectos são de grande valia e precisam ser considerados no momento da produção do mapa tátil: magnificação de cores diversificadas, e aplicação de um tipo de fonte com tamanho adequado (ex.: Arial 26).

Se o mapa tátil for direcionado para pessoas cegas e com deficiência visual, será necessário o uso de simbologias como o norte geográfico, oceanos, lagos, rios e montanhas, além do referencial para representação da escala, com a inclusão de textos na escrita Braille.

Segundo Cerqueira (2000), o mapa tátil não deve conter riqueza de detalhes significativos, pois isso dificulta a percepção e a compreensão do material explorado pelo deficiente visual. O excesso de detalhes prejudica o entendimento, tanto do modelo bidimensional em um mapa quanto a percepção espacial em uma maquete tridimensional.

1.6 CAIXA TÁTIL-SONORA (CaTS): UMA FERRAMENTA DE TA PARA O ENSINO DE DEFICIENTES VISUAIS

1.6.1 O QUE É A CAIXA TÁTIL-SONORA?

A Caixa Tátil-Sonora (CaTS) é uma ferramenta educacional de Tecnologia Assistiva que agrupa em um único instrumento a concepção tátil e sonora para o ensino de estudantes deficientes visuais. Essa ferramenta utiliza os recursos de comunicação dupla (comunicação tátil-sonora) para aperfeiçoar o processo ensino-aprendizagem do estudante deficiente visual, permitindo-lhe melhor compreensão espacial na ponta dos dedos e, ao mesmo tempo, maior entendimento do tema pelo sistema auditivo.

A estrutura da CaTS é constituída por caixa retangular de madeira revestida em fórmica, uma placa de som específica e mapa tátil adaptado com "pontos sonoros".

A funcionalidade da CaTS é ampla, podendo ser utilizada para o estudo das ciências ambientais, sociais, tecnológicas, biomédicas e matemáticas. Pode ser usada no processo da alfabetização em Braille, além de outras áreas, como o ensino da língua portuguesa e das línguas estrangeiras.

A ideia central da CaTS é funcionar como uma ferramenta didática de TA resistente, de baixo custo e de fácil locomoção no ambiente escolar.

Como suporte pedagógico ao professor, a CaTS explora simultaneamente os sentidos tátil e sonoro, por isso pode ser utilizada em qualquer disciplina do ensino básico ou superior.

Como se percebe, essa ferramenta proporciona um alcance sociopedagógico ao assegurar a acessibilidade. É um elemento motivador que amplia o processo de ensino-aprendizagem do estudante com deficiência visual (DV) que se mostra entediado nas aulas orais extremamente cansativas.

1.6.2 A IDEALIZAÇÃO DA CAIXA TÁTIL-SONORA

A concepção da CaTS surgiu pela observação de um estudante com deficiência visual grave do Instituto Benjamin Constant que não conseguia entender o espaço explorado durante uma aula na disciplina de Geografia.

A idealização de um instrumento educacional que agrupasse, ao mesmo tempo, a exploração de duas funções sensoriais, o tátil e o sonoro, pareceu uma solução simples que permitiria melhor compreensão espacial da Geografia por aquele estudante com deficiência visual grave do IBC.

A partir dessa premissa, o planejamento da CaTS foi desenvolvido. Como estratégia para o tato, foi selecionado o uso do mapa tátil escolar, e como estratégia sonora, foi escolhido o desenvolvimento de uma placa de som de baixo custo associada aos acionadores de tecnologia simples.

O planejamento estrutural da CaTS levou em consideração o tamanho da caixa (largura, altura e profundidade) e, ao mesmo tempo, outros equipamentos foram sendo adaptados e incluídos na criação da ferramenta didática, conforme críticas e sugestões dos estudantes com cegueira congênita e deficientes visuais do Instituto Benjamin Constant na cidade do Rio de Janeiro.

1.7 REGISTROS DE PATENTES

1.7.1 REGISTRO NA BIBLIOTECA NACIONAL

Ao longo desta pesquisa foram desenvolvidos dois produtos: (i) Produção e Avaliação de Mapas Táteis-Sonoros para o Ensino de Estudantes com Deficiência Visual; e (ii) Caixa Tátil-Sonora. O primeiro, denominado foi protocolado em 4 de setembro de 2017 sob o n.º 016909-16, conforme Quadro 3.

Quadro 3 – Registro do mapa tátil-sonoro

Título da obra	Registro	Vínculo (autores)
Produção e avaliação de mapas táteis-sonoros para o ensino de ciências ambientais aos alunos deficientes visuais.	4 de setembro de 2017, sob o N.º 016909-16. Fundação Biblioteca Nacional do Ministério da Cultura	Professor Humberto Bethoven Pessoa de Mello; Dr. Sídio Werdes Sousa Machado.

Fonte: o autor

O segundo, denominado foi protocolado em 23 de janeiro de 2018 sob o n.º 0012261/6. O registro foi feito no Departamento de Direitos Autorais da Fundação Biblioteca Nacional do Ministério da Cultura (Quadro 4).

Quadro 4 – Registro da Caixa Tátil-Sonora

Título da obra	Registro	Vínculo (autores)
Caixa Tátil-Sonora	23 de janeiro de 2018, sob o N.º 0012261/6. Fundação Biblioteca Nacional do Ministério da Cultura	Professor Humberto Bethoven Pessoa de Mello; Dr. Sídio Werdes Sousa Machado.

Fonte: o autor

1.7.2 REGISTRO DE PATENTE NA AGIR/PROPPI-UFF

Considerando as características inovadoras da Caixa Tátil-Sonora (CaTS) como ferramenta educacional de Tecnologia Assistiva de baixo custo, decidiu-se fazer o registro de patente do referido produto no âmbito da Universidade Federal Fluminense.

Na primeira semana do mês de agosto de 2018, o pesquisador solicitou uma reunião para apresentar o produto à Agência de Inovação (AGIR), do Setor da Divisão de Transferência de Conhecimento (ETCO) da Pró-Reitoria de Pesquisa, Pós-Graduação e Inovação (PROPPI).

Essa apresentação foi realizada na terceira semana daquele mês, recebendo excelente avaliação pelos pesquisadores da AGIR. Assim, foi iniciado o processo de registro de patente por meio do envio de formulário próprio, em que foi exigido o histórico de desenvolvimento do invento, conforme Quadro 5.

Quadro 5 – Evolução da pesquisa da CaTS

EVENTO	DATA APROXIMADA
Concepção do Invento	01 de fevereiro de 2016
Croquis e Desenhos	30 de março de 2016
Primeira Descrição (relato)	30 de outubro de 2016
Modelo (protótipo) em operação	01 junho de 2017
Primeira Publicação	10 julho se 2017
Primeira Apresentação Oral	19 julho de 2017

Fonte: o autor

Além disso, o formulário solicitou os dados pessoais e os currículos dos pesquisadores envolvidos na concepção e no desenvolvimento do invento: Humberto Bethoven Pessoa de Mello e Sídio Werdes Sousa Machado. No corpo do formulário, foram exigidas outras informações, como o local de desenvolvimento do invento (no caso, CMPDI/Instituto de Biologia/UFF); título provisório da invenção (no caso, Caixa Tátil- Sonora/CaTS); principal área da invenção (no caso, Educação Especial, código INEP 70807051); oito palavras-chave relacionadas ao invento (no caso, Educação Especial, Deficientes Visuais, Tecnologia Assistiva, Produtos bidimensionais, Caixa Tátil-Sonora, Placa de som, Acionadores e Placa solar). Após análise e aprovação do formulário inicial, a AGIR encaminhou em 19 set. 2018 o "Formulário Template" com a finalidade de providenciar o registro da patente.

Isto posto, a Caixa Tátil-Sonora teve seu registro de patente BR 102019023969-7 A2 publicado em 25 de maio de 2021 pelo Instituto Nacional da Propriedade Industrial com o incentivo da Agência de Inovação da Universidade Federal Fluminense.

1.8 JUSTIFICATIVA

A presente obra apresenta uma nova ferramenta didática, a Caixa Tátil-Sonora (CaTS). Esse produto é um instrumento de Tecnologia Assistiva (TA) de baixo custo[17], que explora o uso de duas funções sensoriais, o tato e a audição, para aumentar a capacidade de aprendizagem dos estudantes com deficiência visual.

A principal justificativa para o uso da CaTS na área educacional é a sua capacidade em reunir os dois mais importantes canais sensoriais de aprendizagem em uma só ferramenta. A concepção do produto encontra suporte científico em diversos trabalhos que demonstram as ações e os efeitos complementares do tato e da audição quando a visão está ausente ou muito reduzida.

O segundo aspecto que justifica esta pesquisa é o baixo custo financeiro consumido na construção da CaTS. Conforme descrito na metodologia, a ferramenta foi planejada e executada com poucos recursos financeiros, objetivando a sua replicação por escolas e institutos educacionais no país.

O um terceiro aspecto que justifica o uso da CaTS é a sua praticidade como recurso didático. Trata-se de uma pequena caixa de madeira, leve, com dispositivos sonoros adaptados e sensores para luz solar e para uso em eletricidade.

E, por fim, justifica-se pela versatilidade didática. Essa ferramenta educacional de TA foi planejada e desenvolvida para ser usada de modo versátil. Como a CaTS usa os mapas táteis como base de conteúdo didático, ela pode ser adaptada para diversas disciplinas como Matemática, Ciências, História ou Geografia — o que vai variar é somente o tipo de mapa tátil usado na CaTS.

Assim, esse recurso didático de TA poderá proporcionar novas possibilidades ao professor para a mediação do aprendizado por meio da interlocução com o estudante DV pelas vias do tato e da audição.

[17] TA de baixo custo: todo recurso produzido a baixo custo de produção para desenvolver autonomia e restabelecimento nas atividades no dia a dia da pessoa com deficiência (ITS, 2007).

CAPÍTULO 2

OBJETIVOS

2.1 OBJETIVO GERAL

O objetivo deste estudo é criar um produto de Tecnologia Assistiva de baixo custo denominado Caixa Tátil-Sonora (CaTS), que agrupa em uma única ferramenta didática o uso do tato e da audição para o ensino de estudantes deficientes visuais.

2.2 OBJETIVOS ESPECÍFICOS

a. Planejar e produzir produtos de Tecnologia Assistiva (TA) de baixo custo: um protótipo da CaTS e oito protótipos dos mapas sonoros, dispositivos educacionais para o ensino de estudos deficientes visuais;

b. Avaliar os mapas táteis sonoros sobre os biomas brasileiros utilizando o protótipo da CaTS em sala de aula para estudantes deficientes visuais;

c. Validar o protótipo da CaTS e os protótipos dos mapas sonoros em sala de aula para estudantes deficientes visuais;

d. Avaliar e validar, por métodos de estatística descritiva, as respostas dos questionários sobre a CaTS e os mapas sonoros para determinar seus desempenhos como ferramentas didáticas de TA no processo ensino-aprendizagem dos estudos de pessoas com deficiência visual.

CAPÍTULO 3

MATERIAL E MÉTODOS

A presente obra constitui uma pesquisa do tipo descritiva que envolve a participação de estudantes deficientes visuais e busca as associações entre suas variáveis sociais e escolares.

Trata-se, ao mesmo tempo, de um estudo intervencional, visto que a pesquisa não se limitou à simples observação dos eventos, mas interferiu no processo ensino- aprendizagem dos estudantes deficientes visuais pelo uso de uma ferramenta educacional de Tecnologia Assistiva denominada Caixa Tátil-Sonora.

Quanto ao período de seguimento, este estudo foi do tipo transversal (ou seccional), pois descreveu uma situação específica em um determinado espaço de tempo, como se fosse uma fotografia ou um recorte instantâneo de um determinado momento da população-alvo.

3.1 METODOLOGIA PARA PRODUÇÃO DOS MAPAS TÁTEIS

A produção dos mapas táteis utilizou materiais simples para a elaboração de matrizes texturizadas, buscando a diferenciação nas texturas e nos contrastes de cores, de modo que a pessoa com deficiência visual tenha conforto tátil e/ou visual durante a análise dos modelos bidimensionais e/ou tridimensionais.

De acordo com Nogueira (2008), o processo de produção do mapa tátil precisa seguir uma sequência de seis fases:

a. Na primeira fase, faz-se a escolha do tema para o mapa adaptado; em nosso livro o tema escolhido foi biomas do Brasil.

b. Na segunda fase, promove-se a adequação cartográfica do mapa pelo uso do *software* Inkscape, ou seja, o mapa precisa passar por uma generalização cartográfica.

Após as fases iniciais, faz-se uma cópia xerográfica do mapa (Figura 23) em toda sua extensão em tamanho A2, em preto e branco, em papel de cento e vinte a cento oitenta gramas e na proporção de 43,5 cm x 35 cm. A área interna do mapa deve ter 30 cm (comprimento) por 42 cm (altura). A gramatura do papel é de suma importância para que a matriz bidimensional, ao ser colocada no *vacuum forming* (*thermoform*), não sofra distorções da película de PVC.

Figura 23 – Cópia xerográfica do mapa generalizado

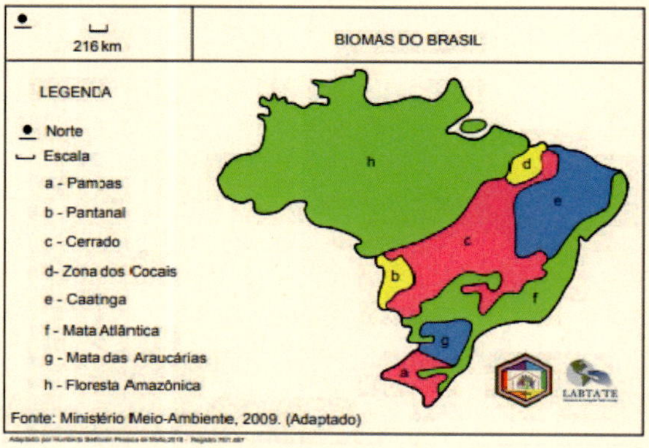

Fonte: o autor

c. na terceira fase, ocorre a produção da matriz molde para o mapa adaptado, respeitando-se os contrates das texturas e utilizando-se materiais simples, como barbante, cola branca e texturas diferenciadas de pano, papel corrugado, folha com texturas em escrita Braille, cortiças, canaletas e outros. Essa matriz molde (Figura 24) pode ser produzida por processos artesanais ou informatizados.

Figura 24 – Matriz tátil adaptada para utilização em *vacuum forming*

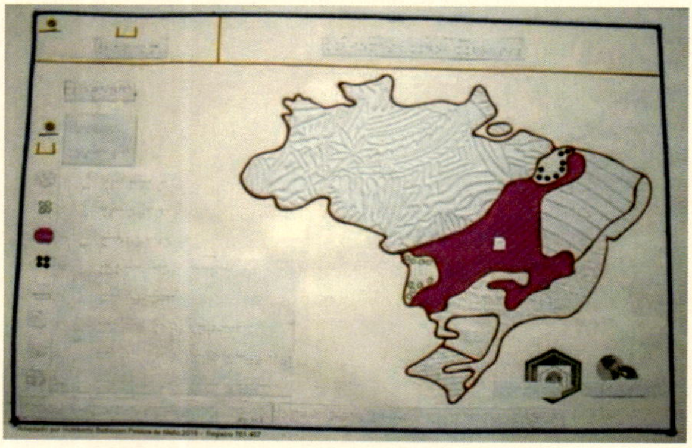

Fonte: o autor

d. Na quarta fase, ocorre a finalização da matriz molde. É necessário que essa matriz pronta seja testada por um ou mais estudantes Deficientes Visuais (DV), para avaliação das críticas e sugestões.

e. Na quinta fase, utiliza-se a máquina denominada de *vacuum forming* (*thermoform*), que permite a reprodução das matrizes dos mapas, desenhos, esquemas e gráficos. O equipamento funciona com um sistema de modelagem a vácuo de uma fina película plástica aquecida (película de PVC termoformado/acetato ou braillon), que ao ser comprimida contra a matriz molde, origina o mapa tátil. O material produzido em alto relevo permite a compreensão das imagens bidimensionais pelos estudantes DV.

f. Na sexta etapa, ocorre o tratamento em adesivo do mapa generalizado produzido em máquina de recorte de vinil eletrônico na proporção 43,5 cm x 35 cm (área total) em uma lâmina de PVC com dois mm. A Figura 25 demonstra em película plástica termoformada, (película de acetato/braillon), com todo o seu conjunto da formação, o mapa tátil, aqui já inclusos os pontos sonoros.

Para esta pesquisa foram produzidos mapas táteis sobre os biomas do Brasil em formato A2. Os mapas confeccionados foram adesivados na lâmina, respeitando-se os contrastes de cores de cada região, de cada bioma e no formato de letras ampliadas com fonte Arial tamanho 36 para que os estudantes com deficiência visual moderada ou grave tenham a oportunidade de usufruir desse recurso de Tecnologia Assistiva.

O papel escolhido para adaptação do mapa tátil desta pesquisa sobre biomas do Brasil foi o formato A2 com gramatura de 120 g (mas poderia ser até o limite de 180 g). A base do mapa tátil foi em policloreto de vinila (PVC), na espessura de 2 mm, na qual foram acopladas a CaTS.

Figura 25 – Mapa tátil concluído

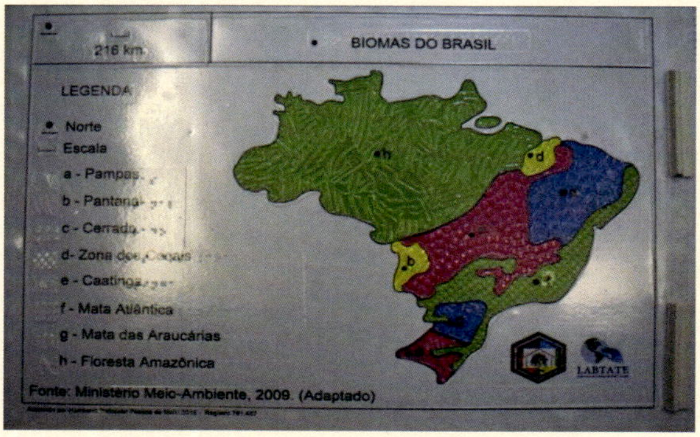

Fonte: o autor

Foi estabelecido um padrão da área da confecção da matriz molde do mapa tátil no tamanho de 30 cm de altura por 42 cm de comprimento. A razão dessa escolha ocorreu por dois motivos:

a. para que todos os Centros de Apoio Pedagógico às Pessoas com Deficiência Visual do país que usem máquina do *vacuum forming* (*thermoform*) (Figura 26) possam produzir os mapas táteis propostos nesta pesquisa;

b. porque o Instituto Benjamin Constant e outras instituições de referência, como LabTATE (UFSC), possuem esse mesmo padrão de tamanho do aparelho *vacuum forming*.

Figura 26 – Máquina *vacuum forming*

Fonte: o autor

3.1.1 MATERIAIS USADOS NA PRODUÇÃO DOS MAPAS TÁTEIS

As matrizes moldes para os mapas táteis precisaram ser testadas, avaliadas e validadas pelos estudantes com DV. Para produzir essas matrizes em *thermoform*, os seguintes materiais foram usados conforme Quadro 6 que demonstra o detalhamento dos materiais empregados na produção de oito moldes em modelos bidimensionais sobre biomas do Brasil.

Quadro 6 – Materiais usados na produção de mapas táteis

Material/ Descrição	Finalidade
Tesoura, estilete, máquina de escrever	são materiais auxiliares na confecção de matrizes ou de um produto em Tecnologia assitiva.
Cola bastão	Fundamental para colar miudencias e bar em lugares com dificuldade de penetração
Cola branca de 500G	Deve ser usada em todas as adaptações produzidas, inclusive os cordonês e sutache. Usar palitos para retirar o excedente, aconselha a deixar No mínimo 24h antes de ir ao thermoform
Lixa de parede 50	Este tipo de textura orienta-se a ser utilizado na produção de matriz para thermoform
Adesivo de strass métalico 6MM	Material muito propício para ser colocado em poucos espaços da adaptação.
Papel currugado	Este tipo de papel com textura na horizontal, pode ser trabahado também na vertical e fácil manuseio nas áreas georaficas
Argolas de latão 4M	Textura de latão pequena muito utilizada de áreas geográficas pequenas e até mesmo na simbologia de oceânos e ilhas.
Canutilhos metalizados	Textura de metal pequena propícia na utilização de áreas geográficas pequenas.
Placa de cortiça 2MM	Este material é utilizado na confecçção do, do simbolo do norte geográfico na legenda apresentada.
Cordonê linha encerada Textura 230.	Seu uso está na confecção da escala e do norte geográfico.

Material/ Descrição	Finalidade
Cordonê linha encerada Textura 550	Sua utilização na legenda e nas margens, limites geográficas do mapa táti - sonoro.

Fonte: o autor, 2016

3.1.2 METODOLOGIA PARA PRODUÇÃO DA CATS

A ideia para a criação da Caixa Tátil-Sonora (CaTS) surgiu a partir de um problema observado pelo autor da pesquisa: como facilitar a compreensão do espaço geográfico em mapas bidimensionais por um estudante deficiente visual?

Diante do problema, o autor buscou uma solução simples: criar o protótipo de uma ferramenta educacional de TA que facilitasse a compreensão do mapa tátil. A solução seria possível se uma placa de som, com um acionador único, fosse acoplada ao mapa tátil, visto que essa associação permitiria agregar os sentidos do tato e da audição para ampliar a aprendizagem do estudante Deficiente Visual (DV).

Assim, a sequência de produção da Caixa Tátil-Sonora (CaTS) foi:

a. a ferramenta foi construída em formato de caixa de madeira resistente e revestida por lâmina em fórmica na cor branca. A construção com material leve é necessária para facilitar a sua mobilidade no espaço escolar.

b. quanto às dimensões, sua área interior possui 30 cm (comprimento) x 42 cm (largura); a profundidade foi estabelecida em 2 cm.

c. a base da CaTS é revestida por camada de borracha de 35,3 cm (comprimento) x 43,5 cm (largura). Esse revestimento tem finalidade de aderir a ferramenta à cadeira escolar e, em caso de queda, diminuir o impacto sobre o equipamento.

d. nas laterais da caixa existem cortes de 2 mm para que as lâminas de PVC possam deslizar com fluidez. A finalidade é proporcionar a troca das lâminas de PVC quando necessário.

e. para saída do som na caixa tátil existem aberturas medindo 15 cm de comprimento x 1,5 cm de altura.

3.1.3 MATERIAIS USADOS NA PRODUÇÃO DA CATS

Por tratar-se de uma ferramenta educacional de baixo custo, os materiais usados foram bem simples, sem custos elevados. Embora fossem relativamente baratos, os materiais foram avaliados quanto à qualidade e durabilidade. Assim, foi testada a leveza e a resistência da madeira para a formação da caixa, assim como a qualidade dos materiais e equipamentos de *software* e *hardware* para a placa de som, acionadores, baterias, alto-falantes e aplicativos para gravação do som.

Diversos dispositivos sonoros foram acoplados à caixa de madeira. Após todos os equipamentos de *software*[18] e *hardware*[19] serem introduzidos em seu interior, deixou-se uma margem de folga suficiente para adaptação do mapa tátil com seus acionadores. Na confecção da placa de som, buscou-se o menor custo possível, com uso de materiais de boa qualidade que garantissem a versatilidade e ajuste do som pelo próprio estudante DV.

Assim, foi desenvolvida a placa de som v7x, conforme demonstra a Figura 27. Assim, diversos equipamentos em *hardware* foram introduzidos a fim de estabelecer uma autonomia de 4 horas de gravação. A especificação detalhada dos materiais usados na produção da placa é demonstrada a seguir.

Figura 27 – Placa v7x com seus componentes

Fonte: o autor

---

[18] ***Uqhwy ctg*** é um encadeamento de normas escritas para serem decifradas por um computador. O seu objetivo será realizar funções específicas definido por um programa instalado em um computado (FIEGENBAUM, 2017).

[19] ***Jctfyctg***, segundo Zambrano Santamaria (2017), é comumente denominado a parte física de um computador, constituída pelas partes eletrônicas como: placas de circuitos, fios, resistores, cristais, capacitores, baterias, botoeiras ou outro utensílio em estado físico, para que o computador funcione.

- um conector para saída doméstica de som em formato estéreo, isto é, um tipo de som transmitido por estereofonia, que é uma técnica capaz de recriar espacialmente o efeito de um som ao vivo;
- uma saída para dois alto-falantes de 12 Ohms com 5 W;
- uma saída para duas baterias de 9 W, alimentada por duas placas de baterias solares;
- uma saída para uma fonte de alimentação em 12 V e 1 ampere (A) para alimentação de duas baterias de 9 W, além de um carregador portátil;
- três conectores de saídas J2 estéreo para uso de fone de ouvido;
- uma saída acoplada à placa de som para um *pen drive* de 8 GB;
- uma botoeira do tipo "liga e desliga" da placa de som;
- três lâmpadas tipo LED (*Light Emiting Diode* ou Diodo Emissor de Luz) ligadas à placa de som para indicar o funcionamento das baterias solares;
- dois microcontroladores: um PIC 16F626 na placa e um PIC16F54 na base dos mapas táteis. Ambos os dispositivos serão interligados à placa de som;
- trinta e dois acionadores digitais para o estudo dos oito mapas de biomas do Brasil adaptados aos mapas táteis sonoros;
- nove resistores de valores diversos;
- 16 capacitores 4,7 microfase;
- três diodos de LEDs;
- um regulador 5 W;
- um regulador 3,3W;
- um cristal de 4 e 12 mega-hertz;
- um amplificador de áudio 250 miliwatts;
- um circuito integrado USB LPI1955;
- um potenciômetro de 4K7.

3.1.4 PARTICIPANTES E CAMPO DA PESQUISA PARA VALIDAÇÃO DA CATS

A validação é a etapa do processo de desenvolvimento que indica se o produto está adequado para desempenhar as funções para as quais foi concebido. A validação da Caixa Tátil-Sonora (CaTS) foi efetuada no fim do processo de produção, sendo dividida em duas fases: pré-validação e pós-validação. A fase de pré-validação, por sua vez, foi subdividida em dois momentos: pré-validação individual e pré-validação coletiva em sala de aula.

Para os estudantes participantes cegos congênitos e deficientes visuais graves, a avaliação foi descrita em Sistema Braille. Entretanto, os participantes com deficiência visual moderada puderam utilizar letras ampliadas na fonte Arial com tamanho 26.

A pesquisa utilizou uma amostra de conveniência constituída por 33 estudantes cegos congênitos e deficientes visuais moderados e leves (16 cegos congênitos e 17 deficientes visuais moderados e severos), todos oriundos do 8º ano do ensino fundamental (2017/2018) do Instituto Benjamin Constant, localizado na Avenida Pasteur, na Urca, Rio de Janeiro (RJ).

Esse grupo de 33 estudantes era formado por 12 estudantes cegos congênitos e por pessoas com deficiência visual moderada e grave do 8º ano do ensino fundamental das turmas 801 e 802 do 4º trimestre de 2017; e 21 estudantes cegos congênitos e deficientes visuais moderado e grave do 8º ano do ensino fundamental das turmas 801 e 802 do 1º trimestre de 2018.

Dentre os 33 estudantes participantes, 18 eram do sexo masculino e 15 do sexo feminino. Do total, 16 eram cegos congênitos, divididos em oito do sexo masculino e oito do sexo feminino.

O restante era formado por 17 estudantes com deficiência visual, sendo 13 com deficiência visual moderada, dos quais quatro estudantes eram do sexo feminino e nove do sexo masculino. Os quatro estudantes restantes apresentavam deficiência visual grave, sendo três do sexo feminino e um do sexo masculino, conforme detalham os Quadros 7, 8 e 9 a seguir.

Os dados do Quadro 7 demonstram 16 cegos congênitos por sexo. Assim, percebemos um equilíbrio dos estudantes pesquisados, sendo 8 femininos e 8 masculinos.

Quadro 7 – Cegueira congênita, 8º ano do ensino fundamental 2017/18

Alunos com Deficiência Visual	Idade e quantitativo	Sexo Feminino	Sexo Masculino
F.R.G; T.C.B.D;T.P.F; N.B	14anos	02	02
R.D.A	15 anos	00	01
I.V.S; Y.E.C	16 anos	01	01
J.G.P; S.S	17 anos	02	00
D.S; E.P; M.V.A.C; M.C.F	18 anos	01	03
M.P.A	21 anos	00	01
L.M.B	22 anos	01	00
V.L.S	30 anos	01	00

Fonte: o autor

No Quadro 8 temos 12 estudantes matriculados com deficiência visual moderada. A prevalência é masculina, com 9 estudantes, enquanto há três do sexo feminino.

Quadro 8 – Deficiência visual moderada

Alunos com Deficiência Visual	Idade/Anos	Sexo Feminino	Sexo Masculino
W.L.P; C.S.S;G.S.M; C.P.R	14 anos	00	04
M.S.B	15 anos	00	01
F.M.S.P; G.B.C	17 anos	00	02
L.D.G.R; M.N.L; J.A.S	18 anos	01	02
L.C.O	19 anos	00	01
V.B.S	20 anos	01	00
L.E.S	23anos	00	01

Fonte: o autor

Segundo a OMS, (2019), a deficiência visual distante tem suas funções visuais diminuídas de acordo com a nova CID-11. Portanto, passamos a ter novas classificações nessa área da visão. Assim sendo, a antiga terminologia *baixa visão* está dividida em três categorias, a saber: a deficiência visual **leve**: acuidade visual menor que 6/12 ou igual ou maior que 6/18; deficiência visual **moderada**: acuidade visual menor que 6/18 ou igual ou maior que 6/60; e deficiência visual **grave**: acuidade visual menor que 6/60 ou igual ou maior que 3/60 (WHO, 2022).

Isto posto, a recomendação pedagógica do IBC, para estudantes com deficiência visual grave, é alfabetização no Sistema Braille. Entretanto o resquício visual desses estudantes pode possibilitar uma melhor orientação e mobilidade em espaços urbanos ou não.

Além disso, estudantes com esse tipo de acometimento visual (Quadro 9) conseguem alfabetizar-se em letras ampliadas e passam a reconhecer cores e formatos de objetos. Em nossa pesquisa de campo, teremos quatro estudantes entrevistados nessa situação, sendo três do sexo feminina e um do sexo masculino. As avaliações desses estudantes foram produzidas no Sistema Braille.

Quadro 9 – Deficiência visual grave

Alunos com DeficiênciaVisual	Idade/anos	Sexo Feminino	Sexo Masculino
F.A P.M	15anos	00	01
C.S.A	16 anos	01	00
J.C.B	18 anos	01	00
C.A.X	19anos	01	00

Fonte: o autor

3.1.5 PRÉ-VALIDAÇÃO INDIVIDUAL DA CAIXA TÁTIL-SONORA

Inicialmente, na fase de pré-validação individual, um estudante com deficiência visual grave do Instituto Benjamin Constant (IBC) e uma professora cega congênita do antigo Centro Municipal de Tecnologia Assistiva de

São Gonçalo (CMTA) avaliaram a CaTS. Após essas análises iniciais, foram executadas as primeiras modificações e adaptações na CaTS para facilitar o uso na pré-validação coletiva pelos estudantes cegos e com deficiência visual do IBC.

O estudante com deficiência visual grave (Figura 28) do 8º ano do Instituto Benjamin Constant (IBC) criticou e orientou sobre o melhor tamanho e formato da CaTS, além de dar contribuições na testagem dos pontos sonoros dos mapas táteis. Por possuir um resquício visual, ele pôde fazer críticas e sugestões relativas ao tipo e tamanho da fonte, bem como opinou sobre as cores empregadas nos mapas táteis.

Figura 28 – Estudante com deficiência visual grave validando o mapa tátil sonoro

Fonte: o autor

A colaboração da primeira professora concursada como revisora no Sistema Braille, Vanessa Rodrigues da Silva que atuava no antigo Centro Municipal de Tecnologia Assistiva para deficientes visuais (CMTA) no município de São Gonçalo, foi de grande valia para a pré-validação da CaTS (Figura 29). Ela contribuiu com fortes indagações sobre o produto em desenvolvimento, principalmente quanto à parte tátil.

Figura 29 – Pré-teste com as matrizes dos mapas táteis

Fonte: o autor

3.1.6 PRÉ-VALIDAÇÃO DA CAIXA TÁTIL-SONORA EM SALA DE AULA

A segunda fase do processo de validação foi coletiva e executada em sala de aula com os estudantes cegos e deficientes visuais das turmas 801 e 802 do ensino fundamental do IBC. Nessa fase foi avaliada a usabilidade da Caixa Tátil-Sonoro (CaTS), ou seja, a ferramenta educacional formada pela caixa retangular de madeira, placa de som específica e os mapas táteis com pontos sonoros.

Para testar a CaTS, os estudantes precisavam manipular mapas táteis com determinado conteúdo didático. Para isso, foi selecionado o tema biomas do Brasil, um tópico da grade curricular das turmas 801 e 802 do IBC, cujo assunto foi apresentado aos estudantes em aula expositiva de 50 minutos. Após a aula, os estudantes fizeram perguntas e receberam os devidos esclarecimentos sobre as dúvidas.

A finalidade dessa aula foi unicamente familiarizar o cego e o deficiente visual com o tema existente do mapa tátil sonoro, sem necessidade de ser avaliado quanto ao conteúdo didático, visto que o foco era a validação da CaTS.

Considerando esse fato, em seguida, com a mediação do pesquisador, foi explicado o funcionamento da CaTS para cada estudante. O pesquisador conversou individualmente com cada estudante, durante 15 minutos, transmitindo as instruções sobre como utilizar a ferramenta educacional.

Após receberem as explicações, os estudantes em tela testaram a usabilidade da CaTS por meio do manuseio da caixa retangular de madeira, do controle dos elementos sonoros e da manipulação tátil dos mapas adaptados com acionadores. Ao final, responderam ao teste de pré-validação da CaTS, um instrumento de coleta de dados representado por questionário com 14 questões cujo foco foi o uso da ferramenta educacional.

O questionário utilizado nesta pesquisa foi previamente validado em trabalho acadêmico anterior, conforme Machado (2015). O questionário possuía uma escala de avaliação, em que cada questão apresentava uma afirmação com cinco opções de respostas: "concordo totalmente", "concordo parcialmente", "indiferente ou não sei", "discordo parcialmente" e "discordo totalmente".

As questões foram direcionadas aos seguintes itens: forma e tamanho da caixa de madeira, resistência dos materiais, percepção tátil da textura dos mapas, tipos de materiais especializados usados no desenvolvimento do produto, velocidade do som, tipo de voz sintetizada, uso de novas simbologias cartográficas em relevo, aplicabilidade da CaTS em outras disciplinas e o papel do professor como mediador no processo de ensino- aprendizagem.

3.1.7 PÓS-VALIDAÇÃO DA CAIXA TÁTIL-SONORA

Evidentemente, a proposta da validação de um produto é contribuir para a sua melhoria e favorecer a sua aceitação pelos usuários. As críticas e sugestões feitas pelos estudantes cegos e deficientes visuais foram integralmente aceitas e corrigidas, pois foram consideradas importantes contribuições para o aprimoramento da CaTS como material didático de Tecnologia Assistiva.

A pós-validação foi a terceira fase do processo de validação da CaTS e buscava a melhor usabilidade da ferramenta educacional. A sua realização foi feita com os mesmos estudantes cegos e deficientes visuais das turmas 801 e 802 do IBC. Utilizou-se a mesma metodologia da fase de pré-validação, inclusive pelo uso do mesmo questionário com 14 questões sobre a usabilidade da CaTS.

Após a etapa de análise dos questionários da fase de pré-validação, observou-se que as questões n.º 5 e n.º 9 foram as mais criticadas pelos estudantes participantes. A questão n.º 5 referia-se à sonoridade da voz (qualidade do som e tipo de voz) do aplicativo Goodwere e, também, sobre o volume (altura do som) do som da CaTS. Os incômodos quanto à qualidade do som e ao tipo de voz usado no produto foram corrigidos pela colocação de um potenciômetro para que o aluno deficiente visual pudesse aumentar ou diminuir o volume do som, permitindo dessa maneira maior conforto durante os seus estudos. A questão n.º 9 referia-se à função do professor como mediador junto a CaTS.

3.1.8 PROCEDIMENOS PARA COLETA E TABULAÇÃO DOS DADOS

Existem diferentes instrumentos de pesquisa para a coleta de dados. Neste trabalho foram utilizados questionários com escala de avaliação. O modelo selecionado para esta pesquisa foi a Escala Likert, uma técnica criada há muitos anos e reconhecida no pelas principais universidades do mundo.

Essa escala de classificação foi proposta em 1932 pelo psicólogo norte-americano Rensis Likert para medir o nível de concordância e satisfação do entrevistado durante uma pesquisa de opinião. Ao invés de uma pergunta, a Escala Likert usa uma afirmativa e propõe cinco alternativas para o entrevistado: "concordo totalmente", "concordo parcialmente", "indiferente ou não sei", "discordo parcialmente" e "discordo totalmente".

Dentre essas alternativas destacam-se os termos "parcialmente" e "totalmente" que, associados ao "concordo" e "discordo", permitem que o entrevistado aprofunde melhor o seu nível de satisfação. Por exemplo: neste trabalho, o "concordo parcialmente" poderia indicar ao pesquisador que o estudante ficou satisfeito com o volume do som da CaTS, mas há ressalvas para esse tipo de avaliação.

No final da aplicação de pré-testes e pós-testes, os questionários foram recolhidos e os dados foram organizados e tabulados, contribuindo para a sistematização dos resultados. Assim, após caracterizar as variáveis, o pesquisador desenvolveu uma análise descritiva e exploratória dos dados no *software* MS-Excel.

CAPÍTULO 4

RESULTADOS E DISCUSSÃO

Como resultados, esta pesquisa gerou dois produtos: um protótipo da Caixa Tátil-Sonora (CaTS) e oito protótipos de mapas táteis com pontos sonoros sobre os biomas do Brasil (Quadro 10). Esses produtos de Tecnologia Assistiva foram validados e avaliados por um grupo de 33 estudantes cegos e deficientes visuais matriculados nas 8ª séries das turmas 801, de 2017, e 801 e 802, de 2018, do ensino fundamental do Instituto Benjamin Constant, Rio de Janeiro.

Os dois produtos educacionais foram registrados no Departamento de Direitos Autorais da Fundação Biblioteca Nacional do Ministério da Cultura com os seguintes títulos:

Quadro 10 – Registros na Biblioteca Nacional

Produtos	Registros
Mapa Tátil-Sonoro	04 de setembro de 2017, sob o N.º 016909-16. Fundação Biblioteca Nacional do Ministério da Cultura.
Caixa Tátil-Sonora	23 de janeiro de 2018, sob o N.º 0012261/6. Fundação Biblioteca Nacional do Ministério da Cultura.

Fonte: o autor

4.1 PRODUÇÃO DOS PROTÓTIPOS DO MAPA TÁTIL-SONORO

O mapa tátil-sonoro aplicado nesta pesquisa foi confeccionado em tamanho A2, nas dimensões 43,5 cm x 35 cm. As películas em PVC formadoras dos mapas em alto relevo foram geradas em máquina de *vacuum forming* (*thermoform*) a partir de matrizes molde. Esses mapas táteis sobre biomas do Brasil foram adaptados em protótipos de mapas táteis com pontos sonoros e permitiram aos estudantes cegos e com deficiência visual identificar, pela audição e tato, os limites territoriais dos biomas Floresta Amazônica, Cerrado, Pantanal, Caatinga e outros.

4.1.1 CONFECÇÃO DOS MAPAS TÁTEIS CONVENCIONAIS SOBRE BIOMAS DO BRASIL

O processo de produção foi executado de modo artesanal a partir das matrizes molde. As atividades desenvolvidas na confecção dos mapas foram:

a. Seleção dos textos e figuras dos biomas do Brasil no livro *Biologia: ciências e tecnologia*, de Sídio Machado, publicado da Editora Scipione, em 2010, nas páginas 634-638, conforme o Quadro 11.

Quadro 11 – Conteúdos sobre biomas do Brasil

Mapa tátil	**Biomas brasileiros**	**Conteúdo**
1º lâmina	Divisão geográfica dos biomas	O que são Biomas? O significado de cada bioma.
2º lâmina	Bioma da Amazônia	Floresta Equatorial Densa; Floresta Equatorial Aberta; Vegetação Fluviomarinha; Zona de Transição; Vegetação Secundária
3º lâmina	Bioma do Cerrado	Savana Florestada; Savana Arborizada (Campo Cerrado); Savana Estépica (Caatinga); Vegetação secundária e Zona de Transição.
4º lâmina	Bioma da Caatinga	Arbórea Densa; Arbórea aberta; Cerradão e campo - Cerrado; Zona de Transição; Vegetação Secundária.
5º lâmina	Bioma da Mata Atlântica	Floresta Pluvial Densa; Floresta Pluvial Aberta; Floresta Pluvial Mista; Vegetação Secundária; Zona de Transição.
6º lâmina	Bioma do Pantanal	Floresta Estacional Decidual; Savana Florestada e Arborizada;SavanaEstépicaFlorestadae Arborizada; Zona de Transição; Vegetação Secundária.
7º lâmina	Bioma do Pampas	EstepeArborizada;SavanaEstépica;Vegetação Fluviomarinha; Vegetação Secundária; Águas.
8º lâmina	Bioma de transição Mata dos Cocais Mata das Araucárias	Área de encontro entre dois biomas é conhecida como zona de transição (ecótono).

Fonte: o autor

a. Produção de representações grafotáteis para geração da matriz digital;

b. Reprodução de matriz digital em matriz molde com texturizações e relevo;

c. As matrizes foram confeccionadas na padronização do LabTATE - UFSC;

d. Materiais usados para textura das matrizes foram: barbante/cola branca e texturas diferenciadas (pano, papel corrugado, folha com texturas em escrita Braille, cortiças, canaletas e outros).

- Área interior do mapa: 30 cm comprimento x 40 cm altura.
- Título do mapa tátil: 30 cm comprimento x 5 cm altura.
- Escala: 11 cm comprimento x 5 cm altura.
- Legenda: 42 cm comprimento x 25 cm altura; fonte Arial 36 (caixa alta).

e. Os mapas táteis foram produzidos conforme as normas e possuíam todas as informações básicas: títulos, proporções de escalas, sistemas de orientação para indicar o Norte com representações simbólicas e orientações espaciais conforme o LabTATE ou conforme a rosa dos ventos, simbologia utilizada pelo DPME-IBC, além da fonte (de origem) de cada mapa geográfico adaptado.

f. As cores foram definidas pelo *software* Inkscape, de acordo com a padronização do LabTATE-UFSC.

4.1.2 CONFECCÇÃO DA MATRIZ MOLDE PARA O MAPA TÁTIL

As matrizes moldes buscaram reproduzir os limites e as características da área ocupada por cada bioma no território brasileiro. Para construí-las, fez-se a seleção dos textos e figuras dos biomas no livro de referência da pesquisa.

A partir dessa seleção, fez-se uma lista dos materiais necessários para a construção das matrizes. A Figura 30 mostra a produção de uma matriz molde sobre biomas do Brasil na qual há utilização de materiais artesanais como papéis texturizados, miçangas, caneletas, cola branca, barbantes e linha encerada em cordonê.

Figura 30 – Produção da matriz molde dos mapas táteis

Fonte: o autor

Observa-se a matriz inicial de um mapa sobre os biomas brasileiros na Figura 31. As texturas em relevo representam os elementos facilitadores, ou seja, permitem a compreensão do espaço explorado pela percepção tátil do estudante cego e deficiente visual. Essa mesma matriz, ao final do processo, apresentava texturas diferenciadas dos biomas e, também, todas as informações necessárias, como título, legenda, escala orientação geográfica e escrita em Braille.

Figura 31 – Matriz molde pronta para uso no *vacuum forming*

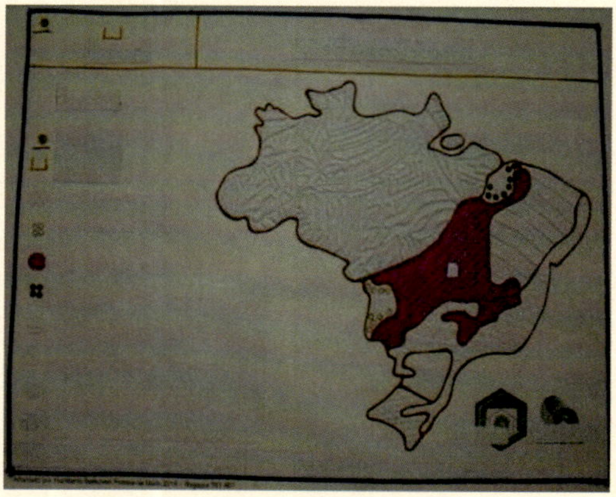

Fonte: o autor

Depois de prontas, as matrizes transferiram as imagens gráficas para as películas de PVC, mas para isso precisaram suportar o calor do aparelho de *vacuum forming* (*thermoform*).

4.1.3 PRODUÇÃO DE PROTÓTIPOS DOS MAPAS TÁTEIS COM PONTOS SONOROS

O mapa tátil-sonoro é a adaptação de um *hardware* de baixa tecnologia, ou seja, é uma ferramenta educacional de Tecnologia Assistiva básica. O seu princípio de funcionamento é simples, consistindo na ativação de acionadores digitais sonoros com a finalidade de emitir som e explorar o uso da audição como um agente complementar ao tato para ampliar a aprendizagem dos estudantes cegos e deficientes visuais.

A produção dos mapas táteis com pontos sonoros começou pela confecção dos mapas bidimensionais convencionais, em película plástica termoformada, (película de acetato/braillon). Depois de prontos em máquina *vacuum forming* (*thermoform*), as películas plásticas dos mapas convencionais foram acopladas às placas de PVC de 2mm, que funcionam como suporte para a instalação dos acionadores digitais (pontos sonoros). Esses acionadores digitais comandam um *pen drive* que, ativado, emite uma voz sintetizada que descreve o conteúdo didático sobre os biomas do Brasil.

Neste trabalho foram produzidos oito mapas táteis com pontos sonoros, que usaram 50 acionadores digitais. A base do mapa sonoro é formada por PVC de 2mm, com dimensões de 43,5 cm por 30 cm. Nessa base foi acoplada uma caixa de som para emissão de informações que, associando a audição à análise tátil do mapa, buscava a melhoria da aprendizagem do estudante cego e com deficiente visual.

Figura 32 – O mapa tátil-sonoro acoplado à CaTS

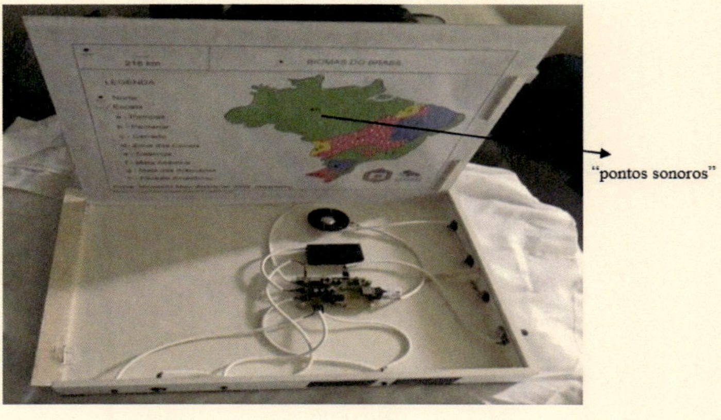

Fonte: Elaborado pelo autor (2017).

Antes de realizar a fixação da película plástica termoformada, foi necessário verificar se os acionadores digitais estavam colocados nas posições corretas (Figura 32). Era fundamental que a colocação dos pontos sonoros e a informação da escrita Braille estivessem corretas, pois qualquer engano poderia acarretar sérias consequências ao aprendizado do estudante cego e deficiente visual, considerando que ele sente na ponta dos dedos o espaço que está sendo explorado, mas não enxerga as representações cartográficas.

4.2 PRODUÇÃO DO PROTÓTIPO DA CAIXA TÁTIL-SONORA

O protótipo da Caixa Tátil-Sonora (CaTS) foi desenvolvido ao longo de 18 meses de pesquisas. Essa ferramenta de Tecnologia Assistiva é formada estruturalmente por duas partes: caixa de suporte e placa de som.

Tomada a decisão da construção dessa ferramenta educacional de TA, foi definido um plano de trabalho para cumprir esse objetivo. Entretanto, ao longo da pesquisa do 1º semestre de 2016 até o 1º semestre de 2018, a CaTS sofreu diversas modificações na sua estrutura e na sua metodologia. Assim, a concepção da CaTS foi desenvolvida em quatro partes cuja cronologia pode ser resumida conforme o Quadro 12 a seguir.

Quadro 12 – Etapas cronológicas da evolução da CaTS

Cpq"4238ó3½ugo gu/ ut g"/"rtko gkt c"hc ug" kpkekc n"f c "EcVU	Módulo gravador e player de voz ISD1820; dimensões da placa de 33 mm x 42 mm; alimentação uma bateria de 5V; durabilidade de gravação de 20 segundos; Dimensão da CaTS de 29 cm de altura x 28 de largura com 3 cm profundidade.
Cpq"4239ó3¬"ugo gu/ ut g"/"ugi upf c "hc ug"f c " EcVU	Introdução do botão liga e desliga com sinalização de LED; Dimensões das placas: 1º módulo com 6,5 cm x 6,5 cm; 2º modulo 6,5 cm x 3,5 cm; Alimentação de uma de bateria de 9V; um alto-falante; Autonomia de uma hora de gravação; Dimensões da CaTS de 41 cm de largura x 45 cm de altura com 15 cm de profundidade com um corte para entrada da lâmina de PVC 4 mm; Botoeira única como acionador; Gravação da voz em *pen drive.*

Cpq"4239Ó4-¬'ugo gu/ ut g"/"vgt egkt c"hc ug"f c" EcVU	Sinalização da CaTS no sistema Braille; Dimensões das placas: 1º módulo com 6,5 cm x 6,5 cm; 2º modulo 6,5 cm x 3,5 cm; Alimentação de duas baterias de 9V; 2 alto-falantes; Autonomia de duas horas de gravação; Dimensões da CaTS - 42 cm de largura x 30 cm de altura com 5 cm de profundidade com um corte para entrada da lâmina de PVC 2 mm; Saída para som na medida de 15 cm de comprimento x 1,5 cm de altura na lateral; Acionadores independentes modelo *switch* tátil; Introdução das duas baterias solares.
Cpq"423: Ó3-¬' ugo gut g"rt qf uvq" Npcn/s uct vc "hc ug"f c" EcVU	Placa de som modelo v7x com 3 horas de gravação; 1 saída com fonte de alimentação de 12V e 1 *ampere* (A) Dimensões da CaTS: Foi introduzida uma porta articulada para entrada da lâmina de PVC 2 mm; Microcontrolador PIC 16F628; Introdução de 3 saídas de som (J2) para ensino colaborativo.

Fonte: o autor

4.2.1 PRODUÇÃO DA CAIXA DE SUPORTE

Para alcançar a definição do tamanho e formato de forma ideal da CaTS, foram desenvolvidos diversos protótipos da caixa de suporte da CaTS. Assim, as formas iniciais foram diversas. Portanto sua confecção dividiu-se em várias etapas:

1. As proporções selecionadas de formas iniciais foram diversas. A primeira etapa da caixa de suporte tinha a dimensão de 29 cm de altura x 28 cm de largura com 3 cm de profundidade.
2. Na segunda etapa, a dimensão foi de 41 cm (largura) x 45 cm (comprimento) com 15 cm de profundidade, como mostra a Figura 33. Essa profundidade foi estabelecida após os diversos equipamentos de *software* e *hardware* e outros acessórios serem introduzidos no espaço interno com sobra suficiente para futura adaptação do mapa tátil com seus acionadores.

Figura 33 – Segundo protótipo de madeira como suporte

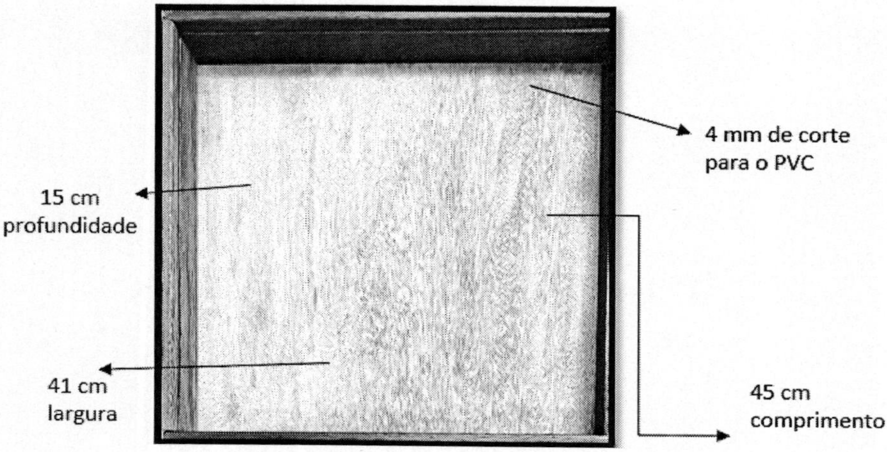

Fonte: autor, 2017

Por conseguinte, na terceira etapa, a caixa de suporte da CaTS passou a ter 30 cm de comprimento x 42 cm de altura com 5cm de profundidade e foi revestida externamente com fórmica na cor branca. Sua base foi coberta por uma borracha de acetato-vinilo de etileno (EVA) de 2 mm com a finalidade aderir à cadeira escolar e diminuir o impacto em caso de queda, conforme ilustra Figura 34.

Figura 34 – Retrato panorâmico da terceira caixa de sustentação do mapa tátil

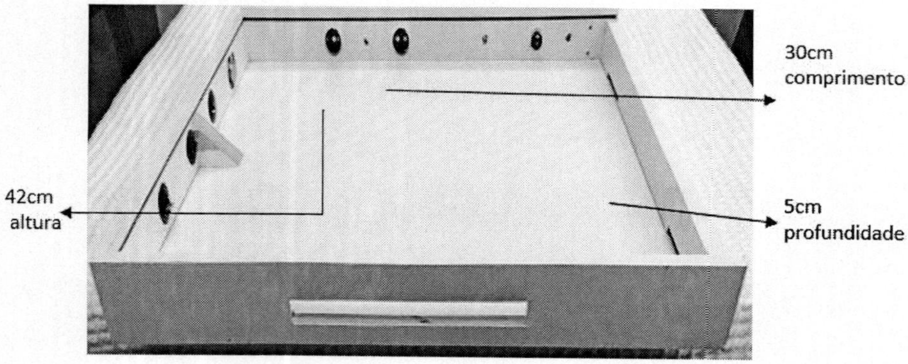

Fonte: o autor

3. Por fim, na quarta e última fase da CaTS, buscamos proporcionar uma acessibilidade metodológica[20] a fim de que o professor possa aprender a produzir a CaTS para atender seu estudante DV. Portanto desenvolvemos o detalhamento da caixa de sustentação em formato de perspectiva com fotos ilustrativas e medidas de acordo com as normas internacionais de representação gráfica. No Brasil, essas normas são editadas pela Associação Brasileira de Normas Técnicas (ABNT), pela NBR 6492 e NBR 10067, em desenho técnico (BRABO, 2009).

Como vemos na Figura 35, a CaTS foi projetada em um *software* denominado AutoCad[21]. Assim buscamos detalhar em perspectiva cada parte do produto especificando o material e as proporções com a finalidade de se tornar acessível o seu desenvolvimento futuro.

O tamanho e formato ideal obedeceram às mesmas proporções da terceira fase da CaTS, contudo algumas modificações foram realizadas, como o corte linear de 2 mm para encaixar as lâminas de policloreto de vinila (PVC) onde é adaptado o mapa tátil-sonoro. Isso permite que o mapa tátil-sonoro possa deslizar com maior fluidez, propiciando, assim, maior acessibilidade do estudante cego e deficiente visual na troca das lâminas quando necessário em suas aulas.

Figura 35 – Desenho em perspectiva da CaTS

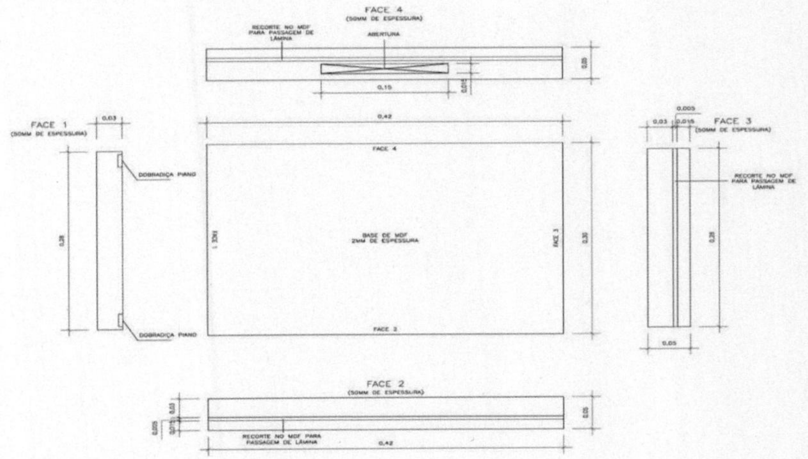

Fonte: o autor

[20] Acessibilidade metodológica, segundo Sassaki (2007), são escolas que motivam ações que garantem a acessibilidade como proposta educacional.

[21] AutoCad, segundo Brabo (2009), é um *software* desenvolvido e produzido pela empresa americana Autodesk.

Também criamos uma porta de entrada em formato retrátil (Figura 36 e 37) usando um utensílio denominado *dobradiça piano*[22] em ferro. O objetivo dessa porta retrátil é oportunizar a colocação de um microcontrolador PIC 16F628, conectado ao mapa tátil-sonoro, eliminado assim as barreiras de fios encontradas nas fases anteriores da CaTS.

Figura 36 – Perspectiva da CaTS em AutoCad

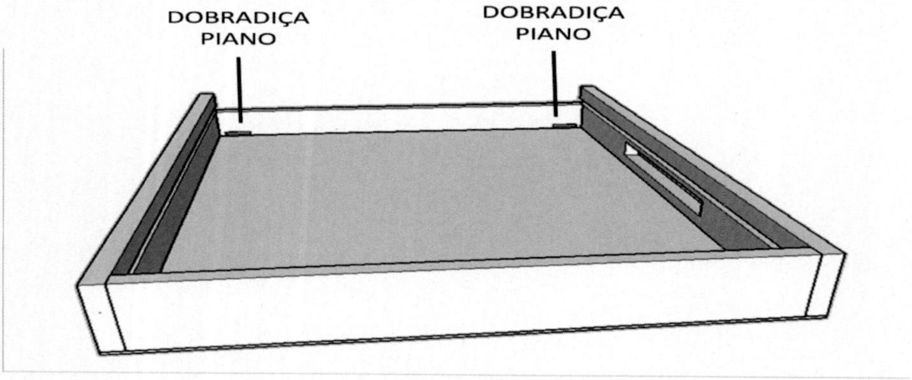

Fonte: o autor

Figura 37 – Imagem Panorâmica da quarta caixa de sustentação do mapa tátil

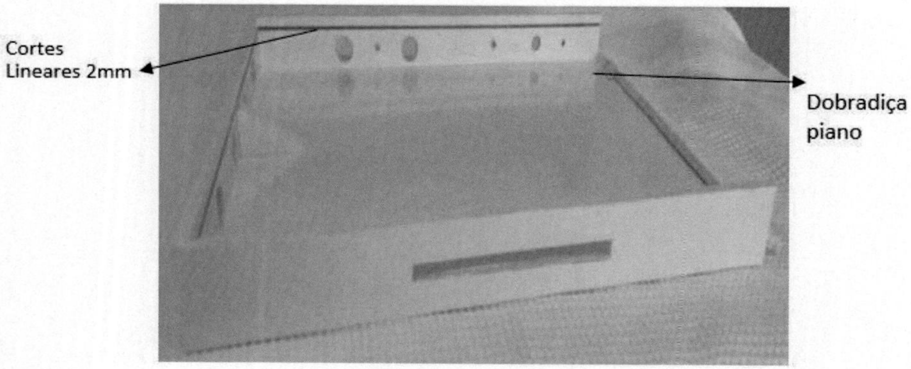

Fonte: o autor

[22] Dobradiça piano é um utensílio de ferragem muito utilizado por carpinteiros na colocação de portas, janelas, armários, portões e outros. Adaptamos o modelo de dobradiça para porta da CaTS no tamanho 19,5 mm de largura x 25 mm de comprimento e espessura de 1.1mm; peso de 11,8 g; acabamento de ferro (latão polido).

4.2.2 PRODUÇÃO E DESENVOLVIMENTO DA PLACA DE SOM

No início, a concepção da placa de som foi bastante artesanal. O processo de produção era avaliado por um estudante cego e deficiente visual que apontava a existência dos problemas quanto ao tipo de textura, à adaptação à escrita Braille ou à qualidade do som. Ao mesmo tempo, buscou-se a orientação acadêmica, cujas críticas e sugestões foram fundamentais para a melhoria do produto.

4.2.2.1 DESENVOLVIMENTO DA PRIMEIRA VERSÃO DA PLACA DE SOM

Na primeira fase do protótipo inicial foi adquirido um módulo gravador e *player* de voz ISD1820 com alto-falante. A placa possui as dimensões de 33 mm x 42 mm, como ilustra a Figura 38.

Na realidade, trata-se de um pequeno módulo com microfone e caixa microfone integrado a um alto-falante externo e a botões para controle de funções como o REC e *Play*, alimentado por uma bateria de 5V. Desse modo, possibilitava-se inserir a voz diretamente no módulo.

Figura 38 – Módulo ISD 1820

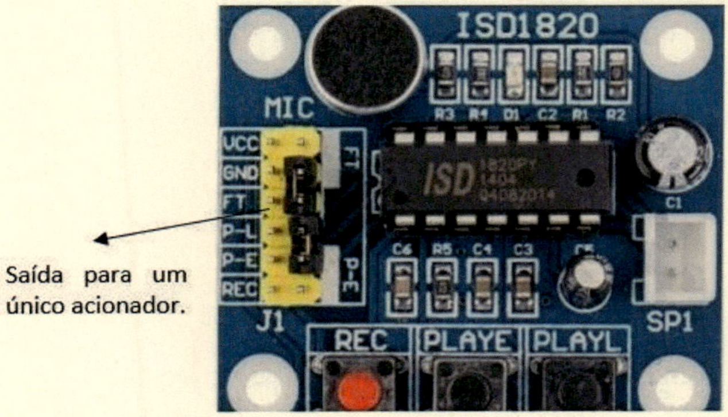

Fonte: https://curtocircuito, 2023

O acionador (botoeira), ao ser impulsionado pelo toque, comandava a chave de gravação e proporcionava a sonorização por 20 segundos. O teste experimental não foi satisfatório devido ao curto tempo de gravação, além da baixa qualidade do som e do alto-falante de apenas 8Ω e 0,5W.

A partir da constatação da baixa eficiência desse protótipo de placa de som, pôde- se confirmar a existência de alguns problemas como: tempo de gravação, qualidade do som, autonomia da alimentação da placa e proporção de tamanho da caixa, conforme demonstra a Figura 39.

Figura 39 – Primeira fase: protótipo inicial

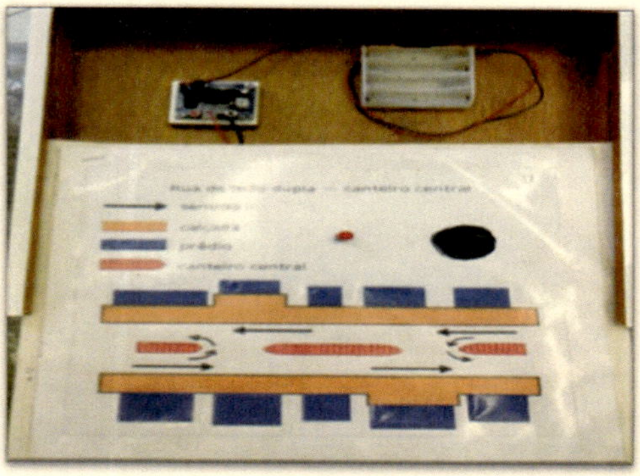

Fonte: o autor

4.2.2.2 DESENVOLVIMENTO DA SEGUNDA VERSÃO DA PLACA DE SOM

Era necessário equacionar os problemas iniciais da placa ISDI 1820. Então foi desenvolvida uma segunda versão da placa de som (Figura 40) com autonomia de 60 minutos de gravação. Para isso, foi modificado todo o sistema da placa.

Figura 40 – Segunda fase: placa de som da CaTS

Fonte: o autor

Ainda nessa fase introduziu-se um botão do tipo "liga e desliga" e um porta *pen drive* que permitiu a gravação de todo o conteúdo sobre biomas do Brasil no formato digital em um *software* denominado GoldWave 5.55.

Além disso, para aumentar a qualidade do som, colocou-se um alto-falante de 5 Ohms com 5W e uma bateria recarregável de 9W. O comando de voz continuava com uma botoeira (dispositivo para facilitar o trabalho relativo aos comandos elétricos) que, acionada pelo tato, buscava dentro do microcontrolador e de forma contínua o tema proposto. A gravação foi feita em *software* gratuito GoldWave 5.55 com voz sintetizada. Esse editor de voz e áudio é compatível com o Windows.

Embora a nova placa tivesse um bom tempo de gravação, ainda existiam alguns problemas relacionados ao único acionador. Constatou-se que a durabilidade da bateria de 9W não resistia ao tempo de 60 minutos de gravação. Assim, a usabilidade dessa última placa de som estava parcialmente comprometida e seu cunho pedagógico poderia ter sérios problemas de operacionalidade. Como a qualidade do som era boa e intensa, percebeu-se que a sonoridade no interior da sala de aula poderia atrapalhar os outros estudantes.

4.2.2.3 DESENVOLVIMENTO DA TERCEIRA VERSÃO DA PLACA DE SOM

Na terceira fase de validação da (CaTS), a nova placa de som foi desenvolvida para eliminar as dificuldades de usabilidade apresentadas pela segunda placa; a solução foi a inclusão dos acionadores independentes.

Os acionadores independentes foram introduzidos conforme esquema e *layout* do circuito de componentes da CaTS 2017, demonstrada na Figura 41 e 42. Foram concebidos acionadores no modelo *switch* tátil interligados por fios conectados diretamente à chave microcontroladora.

Desse modo, o estudante cego ou com deficiência visual, por meio do sentido sensório-motor (o tato), ao pressionar o acionador, tem a resposta em forma de áudio, que ocorre simultaneamente à exploração tátil do bioma brasileiro proposto. Também foi adicionada uma chave microcontroladora PIC 16F628 com oito saídas. Assim, os pontos sonoros puderam ser usados de forma aleatória, abandonando o sistema cativo e contínuo do antigo sistema.

O áudio recebeu algumas críticas, durante a fase de pré-teste, relativas à velocidade da voz e altura do som. Para alguns estudantes estava bom, mas para a maioria poderia ter uma chave que pudesse aumentar e diminuir o som conforme necessidade do estudante.

Figura 41 – Esquema da placa de som: CaTS terceira etapa

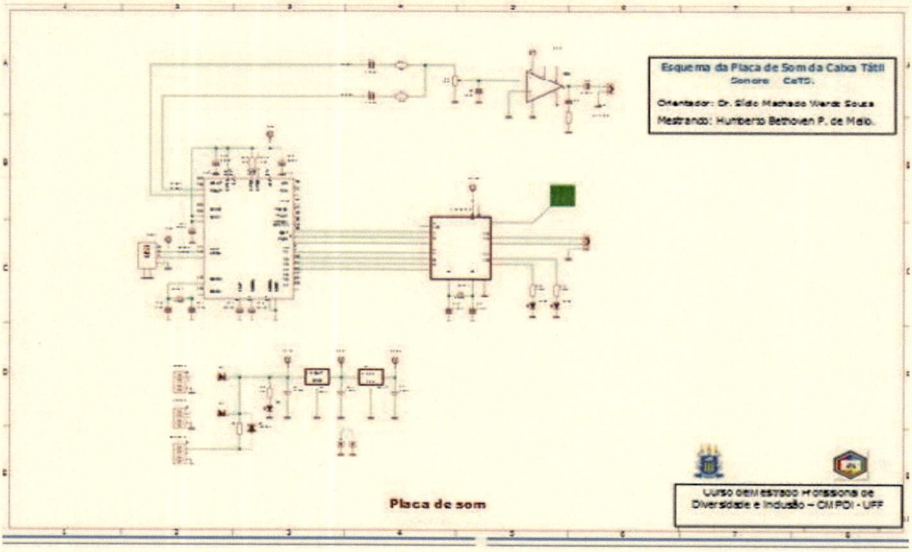

Fonte: o autor

Figura 42 – Circuito de componentes: *layout* da placa da CaTS

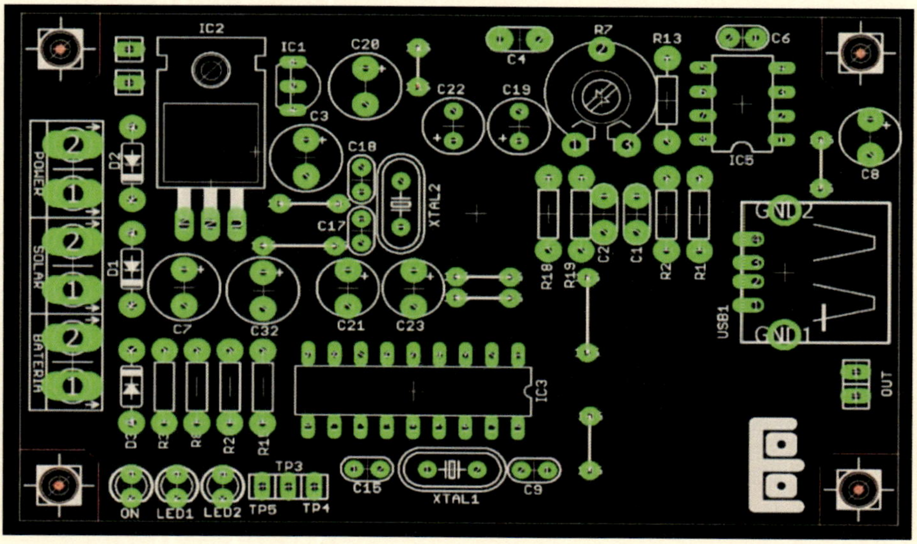

Fonte: o autor

Com relação à autonomia pedagógica das baterias, foram introduzidas duas baterias de 9W na CaTS. Essa modificação exigiu o aumento da capacidade da placa e seus componentes, o que proporcionou uma nova inovação: a implementação de duas placas solares, conforme demonstra a Figura 43. As duas placas solares introduzidas nessa nova versão proporcionaram a alimentação das baterias de 9W de forma contínua, garantido assim um bom desempenho para testagem da ferramenta como recurso didático.

Figura 43 – Placas solares da CaTS

Fonte: o autor

Com relação à sonoridade na sala de aula para eliminar o som externo, introduzimos uma entrada direta na placa de som com uma saída na caixa de madeira denominada de J2 estéreo (saída para fone de ouvido), representada pela Figura 44.

Figura 44 – Saída de J2 (fone de ouvido)

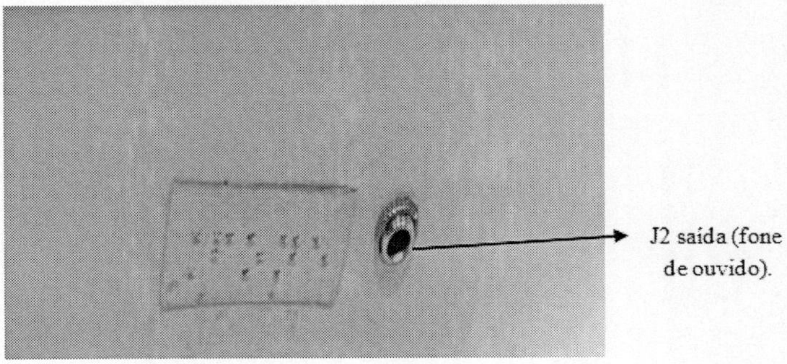

Fonte: o autor

Para o melhor conforto no momento da aprendizagem os cegos e deficientes visuais testaram dois tipos de ascultadores (fone de ouvido), a saber:

1. O primeiro ascultador comum do tipo *Earbud*. Esse modelo trouxe alguns problemas não só na qualidade do som, como também na praticidade do manuseio devido a seus fios que se envolvem uns nos outros gerando dificuldades para os cegos.
2. O segundo modelo testado foi o fone *Headphon*, conhecido como supra- auriculares. Possui o fone externo que envolve a orelha, com uma boa qualidade sonora, sendo prático para o uso (Figura 45).

Figura 45 – Testagem do fone de ouvido com a CaTS

Fonte: o autor

4.2.2.4 DESENVOLVIMENTO DA QUARTA VERSÃO DA PLACA DE SOM

A quarta fase do protótipo final da placa de som é a consolidação da CaTS como material didático e pedagógico testado por estudantes cegos e deficientes visuais do Instituto Benjamin Constant do 8º ano de 2017/18 do ensino fundamental.

Para o prosseguimento dessa fase, confeccionamos uma nova placa de som denominada de v7x[23], a qual é ilustrada no seu esquema na Figura 46. O objetivo da concepção da nova placa de som foi eliminar todos os problemas detectados na placa da terceira fase e incluir as críticas e sugestões no pós-teste de validação do produto.

[23] Esse nome foi dado à placa pelo pesquisador por possuir sete saídas de som.

Figura 46 – Esquema da placa de som v7x: quarta fase de validação

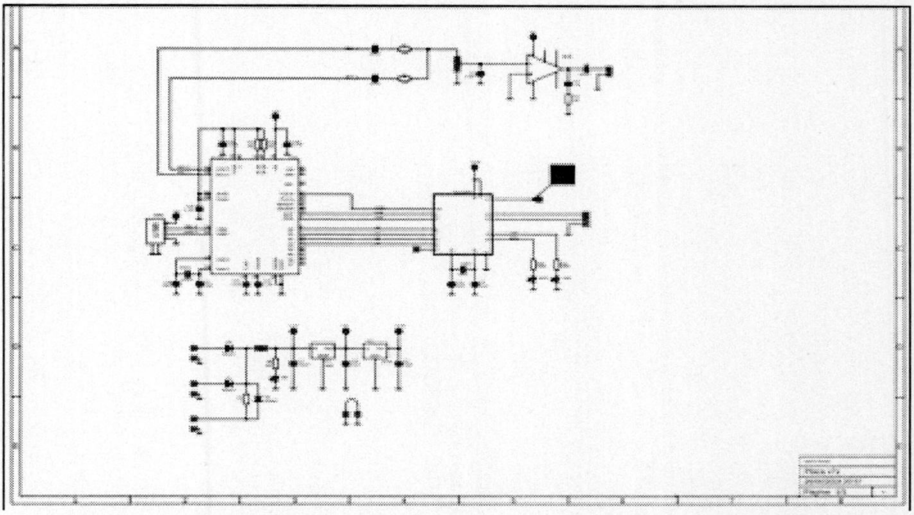

Fonte: o autor

Assim foram introduzidos novos valores tecnológicos, constatados na nova legenda de componentes da Figura 47.

Figura 47 – Legenda de componentes: quarta fase da CaTS

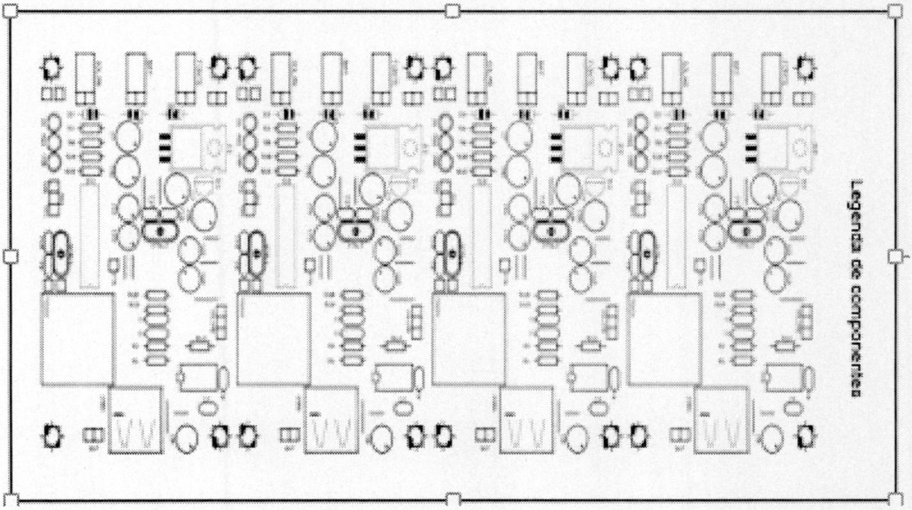

Fonte: o autor

O *layout* a seguir (Figura 48) demonstra a caracterização do circuito de componentes da placa v7x, onde serão alocadas todas as peças (transistors, diodos, fios, entre outros).

Figura 48 – *Layout* de circuito de componentes: quarta fase da CaTS

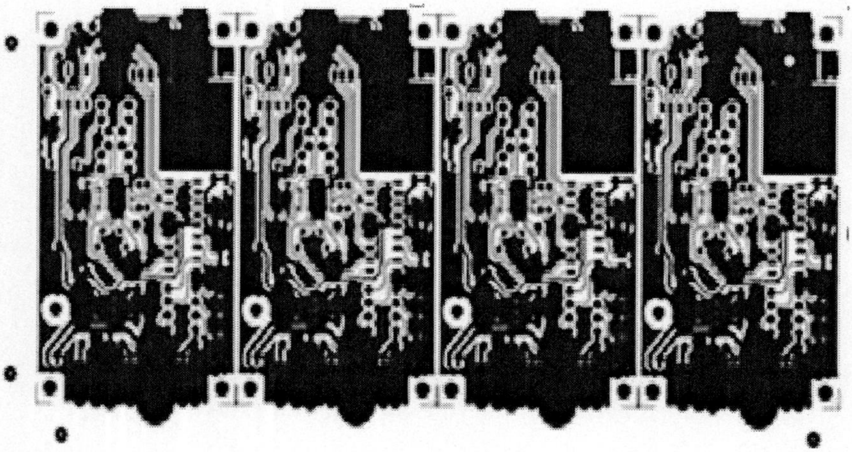

Fonte: o autor

Nessa fase buscamos a instalação de uma saída de controle de som denominada de potenciômetro, além da colocação de três novas saídas de som do tipo J2 para o ensino colaborativo, como ilustra a Figura 49.

Figura 49 – Saída de fone de ouvido e potenciômetro

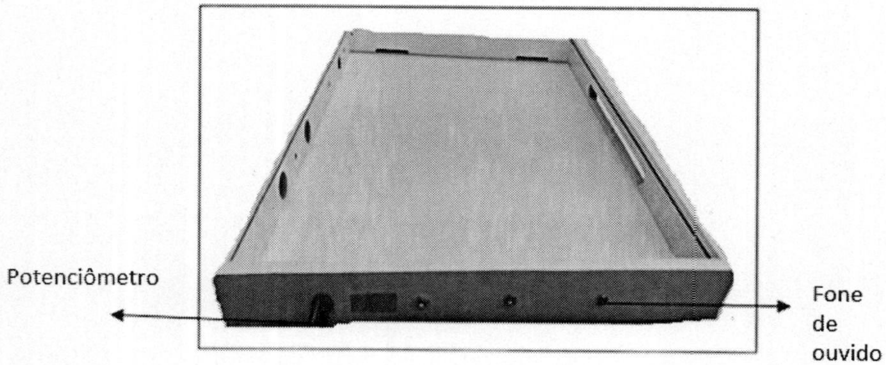

Fonte: o autor

Após o desenvolvimento do esquema e a confecção do *layout*, a placa de interconexão de componentes periféricos, v7x, foi elaborada em laboratório apropriado para a colocação dos itens de cada elemento para a placa de som da CaTS.

Figura 50 – Placa modelo v7x

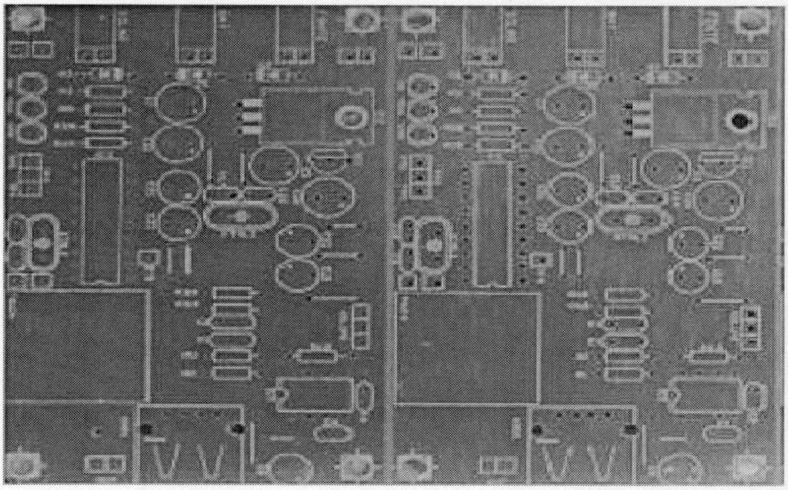

Fonte: o autor

Essa placa de som além de possibilitar um melhor padrão de barramento para conectar seus periféricos, tem em seu conjunto inovações tecnológicas como: a) saída para o som com mais qualidade para os altos falantes; b) maior capacidade de alimentação, podendo utilizar até duas baterias de 9W; c) três saídas de J2 (fone de ouvido); d) uma porta para USB; e) três saídas para lâmpadas LED; f) duas baterias solares; g) uma botoeira (acionador) de liga e desliga; h) uma saída de fonte de alimentação de 12 V e 1 ampere (A)[24] para o carregamento das baterias; i) e uma saída para regular o som (potenciômetro) e dois microcontroladores.

Consequentemente nossa linha de pesquisa busca a padronização não só na parte dos mapas táteis e no tamanho da caixa de sustentação da placa de som, mas também no tamanho das lâminas de PVC de 2 mm como já proposto.

[24] Ampere (A) é a unidade de medida da corrente elétrica no Sistema Internacional de Unidades (FREITAS *et al.*, 2017).

Assim, tivemos algumas dificuldades, durante a testagem da CaTS, observadas pelos deficientes visuais relativas ao tamanho e o peso. Por conseguinte, foi elaborado para o pós-teste de validação um novo formato da caixa em madeira, conforme ilustra Figura 51 que obedece às seguintes proporções:

- área total da CaTS: 30 cm de altura x 42 cm de largura;
- profundidade de 5 cm;
- a saída para som na medida de 15 cm de comprimento x 1,5 cm de altura na lateral da caixa em madeira teve a participação dos deficientes visuais;
- em suas laterais e na profundidade da CaTS, um corte de 2 mm, para que as lâminas de PVC adaptadas ao mapa tátil possam deslizar com fluidez sobre a CaTS;
- foi desenvolvido uma porta com dobradiça piano em ferro cromado para que seja retrátil, pois a lâmina de PVC de 2 mm possui microcontroladores denominados PIC 16F54, acoplados em sua base.

Figura 51 – Suporte em madeira: quarta fase da CaTS

Fonte: o autor

4.3 RESULTADO DA VALIDAÇÃO DOS PROTÓTIPOS DE PRODUTOS EDUCACIONAIS DE TECNOLOGIA ASSISTIVA

Validar é legitimar, é tornar válido. Após o fim do processo de desenvolvimento dos dois produtos, a caixa-tátil sonora e os mapas táteis-sonoros, foi preciso averiguar se essas ferramentas educacionais estavam em conformidade com as necessidades dos estudantes cegos e deficientes visuais.

Para isso, fez-se a validação de cada produto por meio de questionários sobre o desempenho de suas funções educacionais, que foram respondidos pelos estudantes participantes.

4.3.1 RESULTADO DA VALIDAÇÃO DOS PROTÓTIPOS DE PRODUTOS EDUCACIONAIS DE TECNOLOGIA ASSISTIVA

A validação dos produtos precisou responder à seguinte questão: "será que esses produtos atendem às finalidades educacionais para as quais foram construídos?"

Para responder tal pergunta, a caixa-tátil sonora e os mapas táteis-sonoros foram submetidos a exigentes análises dos próprios usuários, um grupo de trinta e três estudantes cegos e deficientes visuais.

O processo de validação dos produtos foi realizado no Instituto Benjamin Constant e dividido em etapas. Inicialmente, foram realizadas aulas coletivas com duração de 50 minutos sobre os biomas do Brasil. O grupo de trinta e três estudantes participantes foi dividido em dois grupos: um com doze estudantes e outro com vinte e um estudantes. A primeira etapa foi realizada no 4º trimestre do ano letivo de 2017. O grupo era formado por doze cegos e deficientes visuais do 8º ano do ensino fundamental das turmas 801 e 802. Essa validação utilizou o questionário da pesquisa (Quadro 13) e contou com a participação do coordenador de Geografia do IBC, que funcionou como observador.

A segunda etapa foi realizada no primeiro trimestre do ano letivo de 2018 com participação de vinte e um estudantes cegos e com deficiência visual do 8º ano do ensino fundamental das turmas 801 e 802. A aplicação do questionário seguiu os mesmos critérios e a mesma metodologia desenvolvida com a turma do último trimestre de 2017.

Após o encerramento de cada aula, foi concedido um período para as perguntas e esclarecimentos sobre o assunto apresentado. Todos os estudantes participantes dessas aulas eram cegos ou com deficiência visual grave e, por isso, o questionário de validação usou textos em escrita Braille.

As questões do questionário abordaram tópicos relativos às partes estruturais e sonoras da CaTS e, também, tópicos relativos à qualidade dos mapas táteis-sonoros. Portanto, todas as questões eram focadas na avaliação dos dois produtos da pesquisa. As perguntas referiram-se à (ao):

- forma e ao tamanho da caixa;
- grau de resistência e à leveza da madeira;
- facilidade de manuseio e ao transporte do produto;
- velocidade, ao tipo e à qualidade do som;
- uso de novas simbologias cartográficas em relevo;
- aplicabilidade da CaTS em outras disciplinas;
- percepção tátil da textura do mapa quanto aos limites e às áreas;
- material usado no desenvolvimento do produto e dos mapas;

Esse questionário utilizado na pesquisa foi previamente validado em outro trabalho acadêmico (MACHADO, 2015), sendo composto por 14 questões; cada questão possui uma proposição na afirmativa e cinco opções como respostas: "concordo totalmente", "concordo parcialmente", "indiferente ou não sei", "discordo totalmente" e "discordo parcialmente".

Quadro 13 – Questionário aplicado na pesquisa

Questão	Proposição afirmativa	Concordo totalmente	Concordo parcialmente	Indiferente ou não sei	Discordo parcialmente	Discordo totalmente
1	A CaTS e o mapa tátil-sonoro no formato 45 cm x 34cm são seguros e resistentes para a exploração tátil.					
2	O mapa tátil-sonoro proposto não apresenta nenhuma dificuldade no relevo tátil dos biomas.					
3	O mapa tátil-sonoro proposto não apresenta nenhuma forma de incômodo tátil.					
4	A CaTS e o mapa tátil-sonoro cumpriram suas funções didáticas.					

Questão	Proposição afirmativa	Concordo totalmente	Concordo parcialmente	Indiferente ou não sei	Discordo parcialmente	Discordo totalmente
5	O volume do som e a velocidade da voz da CaTS foram satisfatórios.					
6	O uso da CaTS e a descrição do mapa tátil--sonoro melhoraram aprendizado do tema biomas do Brasil.					
7	A exploração pelo tato associado à audição com uso da CaTS é a melhor forma de entender o mapa tátil.					
8	O mapa tátil-sonoro permite melhor compreensão didática do que o modelo tradicional.					
9	Um estudante cego e deficiente visual usa a CaTS com autonomia, sem ajuda do professor, e entende o que está proposto no mapa tátil-sonoro.					
10	Os "pontos táteis" ou acionadores acoplados ao mapa tátil-sonoro estão bem adaptados.					
11	Os materiais e as tecnologias utilizadas na produção da CaTS e do mapa tátil-sonoro foram adequadas.					
12	A inclusão do novo símbolo NORTE melhorou a compreensão geográfica do mapa tátil.					
13	A CaTS pode ser usada para outras disciplinas como ciências, matemática, história e português.					
14	A introdução do som/voz sintetizada na CaTS e no mapa sonoro melhoraram a compreensão espacial do tema geográfico proposto.					

Fonte: o autor

4.3.2 RESULTADO DA VALIDAÇÃO DA CAIXA TÁTIL-SONORA

A validação da CaTS foi feita em duas etapas: pré-teste e pós-teste. Na fase de pré-teste, após a aula expositiva de 50 minutos, o pesquisador explicou o funcionamento da CaTS para cada a estudante cego e deficiente visual. Nesse atendimento individual por 15 (quinze) minutos foram explicadas as finalidades educacionais, as características e o uso dos dispositivos de manuseio da CaTS. Essas explicações foram fundamentais para a validação feita pelos estudantes.

Depois de receberem as explicações sobre o uso da CaTS, cada estudante iniciou, de forma independente, o manuseio do produto. O pesquisador ficava disponível para eliminar as possíveis dúvidas sobre o uso da ferramenta.

Embora a principal finalidade da validação fosse responder se o produto gerado atendia ou não às finalidades para as quais foi criado, essa etapa contribuiu com críticas e sugestões essenciais para o aprimoramento da CaTS como ferramenta educacional.

Ao responderem o questionário da pesquisa sobre a CaTS, alguns estudantes identificaram dificuldades no seu uso. Isso ocorreu tanto para os estudantes do 8º ano das turmas 801 e 802 de 2017 como para os estudantes do 8º ano das turmas 801 e 802 de 2018. As duas principais críticas foram:

1. Na questão n.º 5, referente ao volume/altura do som da CaTS e também sobre a sonoridade da voz sintetizada do aplicativo GoldWave.
2. Na questão n.º 9, referente à função do professor como mediador junto à ferramenta educacional CaTS.

Na fase de pré-teste, muitos estudantes criticaram a usabilidade da CaTS quanto à qualidade do som e da voz sintetizada que descrevia os mapas táteis-sonoros. Essas críticas assinaladas nas questões n.º 5 e n.º 9 relacionadas à usabilidade da CaTS, foram observadas em sala de aula, *in loco*, durante o período de validação pelos estudantes cegos e deficientes visuais que já sinalizaram os problemas. As dificuldades sobre a usabilidade da CaTS como ferramenta didática foram confirmadas durante a tabulação dos dados e análise dos questionários.

As providências foram tomadas na busca de soluções. Para atender às críticas sobre o volume do som na questão n.º 5, foi colocado um potenciômetro na CaTS. Isso permitiu que o estudante, principalmente o cego, pudesse aumentar ou diminuir o volume do som do equipamento, gerando maior conforto para seus estudos.

Para solucionar os problemas de sonoridade da voz sintetizada e sua velocidade na questão n.º 5, foram tomadas as seguintes providências:

- Foram gravadas duas diferentes vozes no editor digital de áudio GoldWave, *aplicativo* que coparticipa do *software* gratuito Audacity[25] disponível para plataformas Linux[26], Word[27] e Mac[28].
- Foram selecionadas duas vozes sintetizadas do *software* GoldWave: a primeira, denominada de "Fernanda" e a segunda, chamada de "Maria". Para o processo de gravação utilizamos dois *pen drives*, um para cada voz de forma separada. O conteúdo didático sobre os biomas brasileiros foi gravado na *primeira voz sintetizada* "Fernanda" em duas configurações: primeira, em velocidade lenta na proporção: *speed*[29]- 4; *Pitch*[30]-10 e *Rate (HZ)*[31]*25K.* E a segunda, em velocidade rápida na proporção: *Speed*-1; *Pitch*-1 e *Rate (HZ) 40K.* O mesmo conteúdo didático sobre biomas brasileiros foi gravado na segunda voz sintetizada denominada "Maria", também, em duas configurações: primeira, em velocidade lenta na proporção: *Speed*-5; *Pitch*-12 e *Rate (HZ) 28K.* E a segunda, em velocidade rápida na proporção: *Speed*-3; *Pitch*-7 e *Rate (HZ) 30K.*

Para a validação da etapa de pós-teste, a CaTS incorporou a voz "Fernanda" com a configuração mais rápida, que foi selecionada pelos estudantes cego e deficientes visuais. Nessa fase de pós-teste constatou-se que os questionamentos sobre a voz sintetizada e velocidade do som foram plenamente atendidos, visto que os estudantes cegos e deficientes visuais aprovaram as melhorias na qualidade do som e a substituição da voz sintetizada para descrição do conteúdo.

---

25 Audacity é *software* desenvolvido por voluntários. Ver em: https://www.audacityteam.org/download/.

26 Linux é um núcleo de um sistema operacional gratuito. Ver em: https://www.4linux.com.br/o-que-e- linux.

27 Word é um processador de texto produzido pela Microsoft Office. Ver em: https://www.microsoft.com/.

28 O Mac OS X é o sistema operacional mais avançado da Apple.

29 No canal de gravação, o Speed permite em acelerar ou não a voz do cantor, dublador, entre outros.

30 Pitch: a altura de um som se refere à propriedade que nos permite classificá-lo como grave ou agudo.

31 Rate (HZ): O hertz é uma medida internacional e aplica-se à qualquer evento. Na gravação de uma voz percebemos a frequência de vibração das ondas sonoras. Voz suave, uma vibração, aguda outra etc.

4.3.3 RESULTADO DA VALIDAÇÃO DOS MAPAS TÁTEIS COM PONTOS SONOROS

Os mapas táteis-sonoros foram produzidos a partir dos mapas táteis convencionais, em películas de PVC, que foram previamente analisados e validados pelos estudantes cegos e deficientes visuais moderados e graves.

A Figura 52 demonstra um mapa tátil em película de PVC que foi produzido no Centro de Apoio Pedagógico às Pessoas com Deficiência Visual de São Gonçalo (CAP-SG). Durante a validação dos mapas táteis com pontos sonoros, os estudantes cegos e deficientes visuais moderados e graves tiveram a oportunidade de avaliar a usabilidade do mapa no ambiente formal da sala de aula.

Os dois grupos de estudantes participantes, tanto do 4º trimestre de 2017 como do 1º trimestre de 2018, aprovaram o uso das texturas em relevo para compreensão do espaço geográfico no mapa tátil. Ao responderem as questões do questionário, os participantes confirmaram a aprovação das texturas diferenciadas e das informações contidas nos mapas: título, legenda, escala, orientação geográfica e escrita em Braille. Em sala de aula, os estudantes elogiaram a simplificação dos contornos gráficos que possibilitaram a exploração tátil com mais clareza.

Figura 52 – Película de PVC produzida no *vacuum forming*

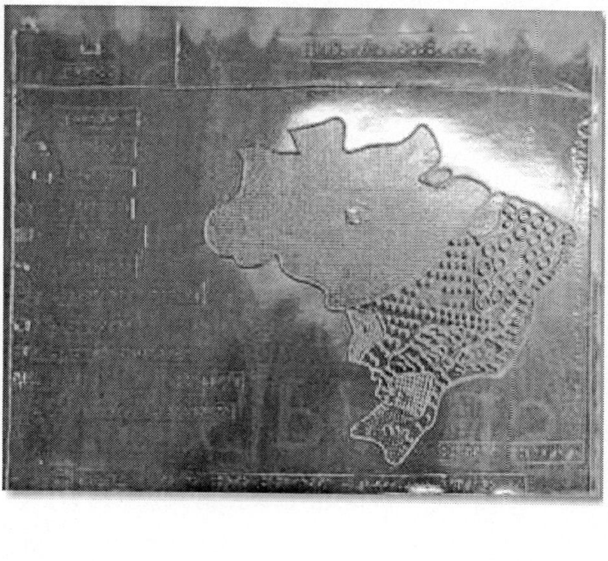

Fonte: o autor

Conforme os dados do questionário, os estudantes cegos e com deficiência visual moderada e grave consideraram o uso simultâneo da audição e do tato como um fator que amplia a aprendizagem, após análise dos mapas táteis com pontos sonoros.

As poucas críticas e sugestões foram bem seletivas e abordavam pontos específicos, mas ajudaram a melhorar o produto educacional gerado na pesquisa.

4.4 ANÁLISE ESTATÍSTICA DOS TESTES DE VALIDAÇÃO DA CATS

A avaliação estatística do produto educacional CaTS utilizou um modelo de questionário de satisfação internacionalmente conhecido como *Escala Likert*, uma das principais medidas. Após a pesquisas de opinião dos estudantes participantes, concluiu-se que a CaTS foi considerada como uma ferramenta de Tecnologia Assistiva que possibilita bom nível de aprendizagem pelo uso simultâneo do tato e da audição.

4.4.1 RESULTADOS ESTATÍSTICOS GLOBAIS DA PRÉ E DA PÓS-VALIDAÇÃO DA CATS

4.4.1.1 RESULTADO GLOBAL DA ETAPA DE PRÉ-VALIDAÇÃO

Na **etapa de pré-validação**, os trinta e três estudantes cegos congênitos e com deficiência visual moderada/grave testaram a CaTS quanto à segurança, resistência e originalidade do produto, ao formato da caixa e à participação do professor como agente mediador. A Tabela 5 mostra o modelo metodológico utilizado na análise de cada uma das 14 questões. Para isso, aplicou-se a fórmula = (R/T)*100[32]"no *software* MS Excel, em que o valor absoluto **R** foi dividido pelo total da amostra **T** e multiplicado por 100 para achar o valor percentual. Para melhor análise em nível estatístico, esses valores percentuais foram posteriormente arredondados.

[32] Essa formula refere-se à resposta dividida pelo seu total (MAROCO, 2007).

Tabela 5 – Modelo de cálculo percentual das respostas dos questionários

Exemplo	Concordo totalmente	Concordo parcial-mente	Indiferente Não sei	Discordo parcial-mente	Discordo totalmente
Questão 01	31/33x100 = (93,93%)	2/33x100= (6,06%)	0(0%)	0(0%)	0(0%)

Fonte: o autor

Os resultados globais, nominais e percentuais das 14 questões respondidas pelos estudantes são mostrados na Tabela 6. Nessa etapa inicial de pré-validação, a pesquisa foi feita com a amostra integral, ou seja, não houve a separação dos participantes por situação visual ou por sexo.

Tabela 6 – Pré-teste de validação da CaTS (frequência absoluta e percentual l%)

N.º da pergunta	Concordo Totalmente	Concordo Parcial-mente	Indiferente Não sei	Discordo Parcial-mente	Discordo Totalmente
01	31 (94%)	2 (6%)	0 (0%)	0(0%)	0 (0%)
02	29 (88%)	3 (9%)	0 (0%)	1(3%)	0 (0%)
03	32 (97%)	0 (0%)	1 (3%)	0(0%)	0 (0%)
04	31 (94%)	2 (6%)	0 (0%)	0(0%)	0 (0%)
05	22 (67%)	10 (30)	0 (0%)	1(3)	0 (0%)
06	31 (94%)	1 (3%)	0 (0%)	0(0%)	1 (3%)
07	31 (94%)	1 (3%)	0 (0%)	0(0%)	1 (3%)
08	29 (88%)	4 (12%)	0 (0%)	0(0%)	0 (0%)
09	22 (67%)	6 (18%)	2 (6%)	2(6)	1 (3%)
10	32 (97%)	1 (3%)	0 (0%)	0(0%)	0 (0%)
11	33 (100%)	0 (0%)	0 (0%)	0(0%)	0 (0%)
12	29 (88%)	1 (3%)	3 (9%)	0(0%)	0 (0%)
13	29 (88%)	4 (12%)	0 (0%)	0(0%)	0 (0%)
14	28 (85%)	4 (12%)	0 (0%)	0(0%)	1 (3%)

Fonte: o autor

Nessa análise global, os resultados mostram um elevado nível de escolha pela alternativa "concordo totalmente", mas há críticas em relação às questões 5 e 9 conforme demonstra o Quadro 14. As assertivas dessas questões foram:

Quadro 14 – Questões assertivas 5 e 9

Questão n.º 5	"O volume do som e a velocidade da voz da CaTS foram satisfatórios".
Questão n.º 9	"Um estudante cego e deficiente visual usa a CaTS com autonomia, sem ajuda do professor, e entende o que está proposto no mapa tátil-sonoro".

Fonte: o autor

Na questão 5, as críticas foram direcionadas à velocidade da voz e à altura do som. Na questão 9, o impasse foi humanístico, pois referiu-se à participação do professor como agente mediador no uso da CaTS. Para solucionar os problemas da questão 5 foram tomadas providências:

- Com relação à velocidade da voz, foram regravados os conteúdos sobre biomas do Brasil na voz sintetizada "Fernanda" com uma velocidade mais rápida na proporção de *Speed*-1; *Pitch*-1 e *Rate (HZ)* 40K.
- No que toca ao controle de volume do som, foi confeccionada uma nova placa sonora denominada v7x para CaTS com saída para um potenciômetro 4k7. Esse componente eletrônico (Figura 53) gerou autonomia necessária para o estudante Deficiente Visual (DV) quanto à regulação do volume no momento dos seus estudos.

Figura 53 – Potenciômetro da CaTS

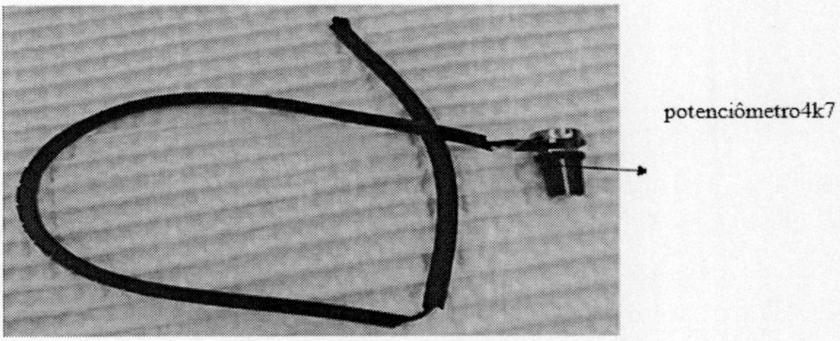

Fonte: o autor

Assim, após as correções tecnológicas, o questionário foi novamente aplicado da etapa de pós-testes de validação global.

4.4.1.2 RESULTADO GLOBAL DA ETAPA DE PÓS-VALIDAÇÃO

Na **etapa final de pós-validação da CaTS**, após as correções para corrigir as críticas às questões 5 e 9, executou-se um estudo estatístico, mostrado na Tabela 7, incluindo-se os novos percentuais obtidos pelas questões criticadas.

Tabela 7 – Pós-teste de validação da CaTS

N.º da pergunta	Concordo totalmente	Concordo parcial-mente	Indiferen-te. Não sei	Discordo parcial-mente	Discordo totalmente
01	33(100%)	0(0%)	0(0%)	0(0%)	0(0%)
02	32(97%)	0(0%)	0(0%)	0(0%)	01(3%)
03	33(100%)	0(0%)	0(0%)	0(0%)	0(0%)
04	33(100%)	0(0%)	0(0%)	0(0%)	0(0%)
05	**32(97%)**	**1(3%)**	0(0%)	0(0%)	0(0%)
06	33(100%)	0(0%)	0(0%)	0(0%)	0(0%)
07	33(100%)	0(0%)	0(0%)	0(0%)	0(0%)
08	33(100%)	02(6,1)	0(0%)	0(0%)	0(0%)
09	**22(67%)**	**8(24%)**	**1(3%)**	**2(6%)**	0(0%)
10	31(94%)	02(6%)	0(0%)	0(0%)	0(0%)
11	33(100%)	0(0%)	0(0%)	0(0%)	0(0%)
12	30(91%)	03(9%)	0(0%)	0(0%)	0(0%)
13	33(100%)	0(0%)	0(0%)	0(0%)	0(0%)
14	33(100%)	0(0%)	0(0%)	0(0%)	0(0%)

Fonte: o autor

Após as intervenções tecnológicas para melhoria da voz e do controle do áudio, a questão 5 obteve um índice de aprovação "concordo totalmente" de 97%. As principais novidades foram a introdução da voz "Fernanda" e a instalação do potenciômetro para facilitar o controle do aumento ou diminuição do áudio (Tabela 8).

Tabela 8 – Pré e pós-validação global

Questão 5	Concordo totalmente	Concordo parcial-mente	Indiferen-te. Não sei	Discordo parcial-mente	Discordo totalmente
Pré-teste de validação	22(67%)	10(30%)	0%	1(3%)	0%
Pós-teste de validação	32(97%)	1(3%)	0%	0%	0%

Fonte: o autor

Na questão 9, houve pouca alteração na análise global dos resultados, conforme mostrado na Tabela 9, com destaque para 3% daqueles que "discordam totalmente".

Tabela 9 – Análise global comparativa: deficientes visuais do pré-teste e pós-teste de validação e questão 9

Questão 9	Concordo totalmente	Concordo parcial-mente	Indiferen-te. Não sei	Discordo parcial-mente	Discordo totalmente
Pré-teste de validação	22(67%)	8(24%)	1(3%)	2(6%)	0(0%)
Pós-teste de validação	22(67%)	6(18%)	2(6%)	2(6%)	1(3%)

Fonte: o autor

4.2.2 ANÁLISE DA QUESTÃO 5: ESTATÍSTICA GLOBAL DA PRÉ E PÓS-VALIDAÇÃO

Considerando a análise global das 14 questões do questionário, os resultados mostraram elevado nível de escolha pela alternativa "concordo totalmente". O nível de satisfação com o produto educacional foi excelente, exceto em duas questões, dentre elas a questão 5, que já foram criticadas.

Para melhor entender as razões das críticas, foi feita uma análise estatística dessa questão. Na **fase de pré-teste de validação da questão 5**, o Gráfico 3 mostrou que 67% dos participantes concordaram totalmente quanto à velocidade da voz e altura do som da CaTS, mas 30% só concordaram parcialmente e 3% tinham discordado parcialmente.

Como o nível de satisfação "concordo totalmente" ficou abaixo do percentual 85% necessário para validação, a melhoria do produto tornou-se obrigatória. Para esta pesquisa foi arbitrado que o percentual mínimo para validação do produto deveria ser 85% de respostas na alternativa "concordo totalmente". Dentre os subgrupos que analisaram o produto na pré-validação, os cegos congênitos constituíram os 3% que "discordaram parcialmente" quanto à velocidade da voz e altura do som.

Gráfico 3 – Consolidação da questão n.º 5 do teste de validação da CaTS

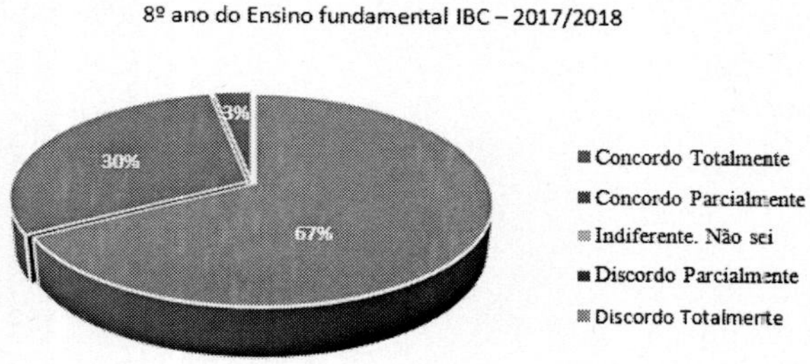

Fonte: o autor

Para a execução do pré-teste de validação da questão 5, a placa sonora foi modificada pela introdução de um potenciômetro que permitiu o controle do volume do som de acordo com a necessidade do estudante. Outra modificação foi referente ao tipo e velocidade da voz, que foi regravada com voz sintetizada conhecida como "Fernanda". Após essas modificações, os estudantes desenvolveram a etapa de pós-validação da CaTS, cujos resultados estão demonstrados no Gráfico 4.

Gráfico 4 – Consolidação da questão n.º 5 do pós-teste de validação da CaTS

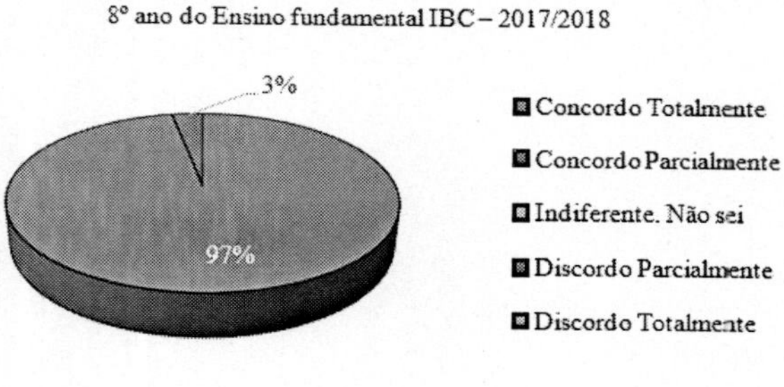

Fonte: o autor

Os resultados do pós-testes de validação do Gráfico 4 apontaram que 97% dos estudantes (cegos congênitos e pessoas com deficiência visual moderada e grave) aprovaram e validaram as modificações propostas. Somente um estudante de deficiência visual moderada (3% da amostra) concordou parcialmente com as mudanças realizadas. Assim, concluiu-se que os estudantes participantes da pesquisa aprovaram as modificações na questão n.º 5 e validaram a CaTS quanto ao tipo e velocidade da voz.

4.4.3 ANÁLISE DAS QUESTÕES CRITICADAS QUANTO À SITUAÇÃO VISUAL E SEXO

Para melhor entendimento dos resultados, decidiu-se fazer uma análise estatística por grupos e subgrupos amostrais (Quadro 15) quanto à situação visual e sexo. Como modelo de análise, aplicou-se o estudo somente para as questões criticadas n.º 5 e n.º 9, cujas assertivas foram as seguintes:

Quadro 15 – Questões assertivas 5 e 9 criticadas por situação visual e sexo

Questão n.º 5	"O volume do som e a velocidade da voz da CaTS foram satisfatórios".
Questão n.º 9	"Um estudante cego e deficiente visual usa a CaTS com autonomia, sem ajuda do professor, entende o que está proposto no mapa tátil-sonoro".

Fonte: o autor

4.4.3.1 ANÁLISE DA QUESTÃO 5 QUANTO À SITUAÇÃO VISUAL (CEGUEIRA CONGÊNITA E DEFICIÊNCIA VISUAL MODERADA/GRAVE)

Nessa primeira análise da questão 5 (Quadro 16), avaliou-se a situação visual da amostra de trinta e três estudantes participantes, que era formada por 16 estudantes cegos congênitos e 17 estudantes com deficiência visual moderada e grave. Por conseguinte, esclarecemos que a pessoa com **deficiência distante** tem suas funções visuais diminuídas. Segundo a nova CID-11, a nova classificação é a seguinte: **Deficiente visual** – (i) 9D90: **cegueira**; (ii) 9D90.1. **Deficiência visual leve**; (iii) 9D90.2. **Acuidade visual menor que 6/12 ou igual ou maior que 6/18; Deficiência visual moderada** – (iv) 9D90.3 **Acuidade visual menor que 6/18 ou igual ou maior que 6/60; Deficiência visual grave – acuidade visual menor que 6/60 ou igual ou maior que 3/60** (WHO, 2022).

A sociedade Brasileira de Visão Subnormal já corrobora a nova terminologia da OMS com relação ao CID-11 no que toca à deficiência visual distante.

Mesmo assim, gostaria de salientar que ainda teremos em artigos, palestras a utilização da expressão "baixa visão" por ser comum em nossa literatura. Isso não invalida nenhuma pesquisa, dissertação, tese ou livro. Assim, deficiente visual é toda pessoa que tem um resquício visual, que facilita sua orientação espacial nos ambientes.

Quadro 16 – Análise de subgrupos da amostra, questão n.º 5 do pré-teste e pós-teste de validação

Grupo	Etapa	Subgrupos analisados
Situação visual	Pré-validação	a) Grupo situação visual e subgrupo cegueira congênita
	Pós-validação	b) Grupo situação visual e subgrupo cegueira congênita
Situação visual	Pré-validação	c) Grupo situação visual e subgrupo deficiência visual moderada e grave
	Pós-validação	c) Grupo situação visual e subgrupo deficiência visual moderada e grave

Fonte: o autor

1. Pré-Validação: grupo situação visual e subgrupo cegueira congênita

Na etapa de pré-teste com 16 estudantes cegos congênitos, 10 estudantes (62,5%) concordaram totalmente com a assertiva "O volume do som e a velocidade da voz da CaTS foram satisfatórios"; cinco estudantes (31,25%) concordaram parcialmente; e um estudante (6,25%) discordou parcialmente. Para validar a questão 5, o estudante avaliou as três principais características físicas do som emitidas pela placa sonora da CaTS, que são:

i. *volume* (ou intensidade), que mediu o nível sonoro em decibéis e permitiu classificá-lo em som forte ou som fraco;

ii. *altura*, que classificou as vozes sintetizadas "Maria" e "Fernanda" em som mais grave (voz mais grossa) ou som mais agudo (voz mais fina);

iii. *timbre* que classificou, segundo a entonação, as vozes sintetizadas "Maria" e "Fernanda".

O Gráfico 5 mostra que 37,5% não concordaram totalmente com o volume do som e a velocidade da voz usada nessa etapa inicial.

Gráfico 5 – Pré-validação: cegueira congênita

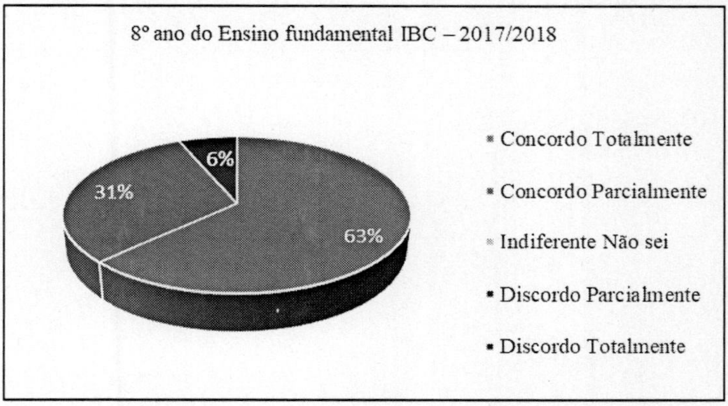

Fonte: o autor

40 Röu/xc rkf c êaq<ï t ur q"ukuc êaq"xkuuc rïg"uudi t ur q"egi ugkt c"eqpi í pkx

Na etapa do pós-teste com 16 estudantes cegos congênitos, 15 estudantes cegos congênitos (93,75%) concordaram totalmente com a assertiva que afirmava que o volume do som e a velocidade da voz usada na CaTS foi satisfatório, enquanto um estudante (6,25%) concordou apenas parcialmente.

A Tabela 10 mostra resultados significativos quanto à velocidade da voz sintetizada, que possibilitou aos cegos e deficientes visuais uma melhor compreensão do conteúdo gravado na placa da CaTS. Após as mudanças realizadas na placa de som, os estudantes cegos congênitos aprovaram e validaram a velocidade da voz. Do mesmo modo, aprovaram a instalação de um potenciômetro na CaTS. O potenciômetro é um componente deslizante que permite o controle do volume de som por meio da manipulação.

Tabela 10 – Pós-validação: cegueira congênita

Pós-validação	Concordo totalmente	Concordo parcialmente	Indiferente Não sei	Discordo parcialmente	Discordo totalmente
Questão 5	15 (94%)	1 (6%)	0%	0%	0%

Fonte: o autor

5Ø Rtì/xcrkfcêaq<"iturq"ukuuc êaq"xkuuc rïg"uuditurq"eqo "fgÑekípekc" xkuuc rïo qfgtcfc1itcxg

Na etapa de pré-teste com 17 com deficiência visual moderada e grave, 12 estudantes (70%) concordaram totalmente que o volume do som e a velocidade da voz da CaTS foram satisfatórios; 3 estudantes (18%) concordaram parcialmente; e 2 estudantes (12%) discordaram parcialmente. O Gráfico 6 mostra que 30% dos estudantes não concordaram totalmente com a afirmativa da questão.

Gráfico 6 – Pré-validação: deficiência visual moderada e grave

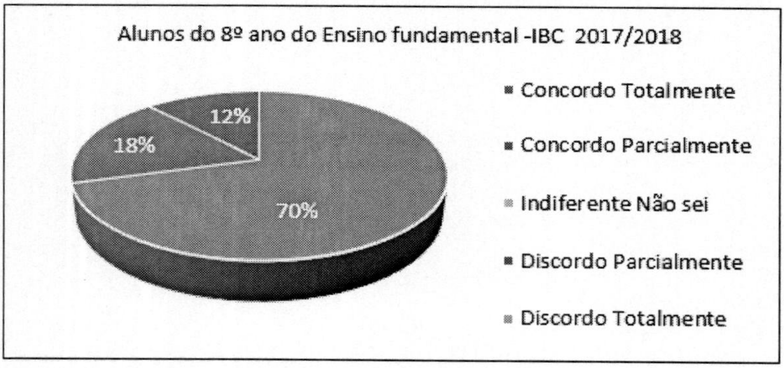

Fonte: o autor

6Ø Röu/xcrkfcêaq<"iturq"ukuuc êaq"xkuuc rïg"uuditurq"eqo "fgÑekípekc" xkuuc rïo qfgtcfc/itcxg

Após a introdução do potenciômetro (regulador de som) na nova placa de som e a implantação da nova voz sintetizada, 100% dos estudantes com deficiência visual moderada e grave aprovaram esses novos parâmetros tecnológicos alocados na CaTS, conforme demonstra a Tabela 11.

Tabela 11 – Pós-validação: deficiência visual moderada e grave

Pós-validação	Concordo totalmente	Concordo parcialmente	Indiferente Não sei	Discordo parcialmente	Discordo totalmente
Questão 05	17 (100%)	0%	0%	0%	0%

Fonte: o autor

4.4.3.2 ANÁLISE DA QUESTÃO 5 QUANTO À CEGUEIRA CONGÊNITA E SEXO

Nessa segunda análise da questão 5 (Quadro 17), fez-se a divisão do grupo *cegueira congênita* por sexo masculino e feminino. O propósito dos pré-testes e pós-testes de validação foi identificar as características especiais de cada grupo participante da pesquisa.

Quadro 17 – Análise de situação visual e subgrupos (cegos congênitos e por sexo) do pré-teste e pós-teste de validação da CaTS

Grupo	Etapa	Subgrupos analisados
Situação visual (cegueira congênita) por sexo	Pré-validação	e) Grupo situação visual (cegueira) e sexo feminino
	Pós-validação	f) Grupo situação visual (cegueira) e sexo feminino
	Pré-validação	g) Grupo situação visual (cegueira) e sexo masculino
	Pós-validação	h) Grupo situação visual (cegueira) e sexo masculino

Fonte: o autor

3ǒ Rtì/xcrkfcêæq<"i t urq"ukvuc êæq"xkuuc n'g"uudi t ur q"egi ugkt c"g" ugzq"hgo kpkpq

Na etapa de pré-validação, com 8 estudantes cegos congênitos do sexo feminino (Gráfico 7), 5 estudantes (62,5%) concordaram totalmente com a assertiva da questão, enquanto 3 estudantes (5%) concordaram parcialmente.

Gráfico 7 – Pré-validação: cegueira e sexo feminino

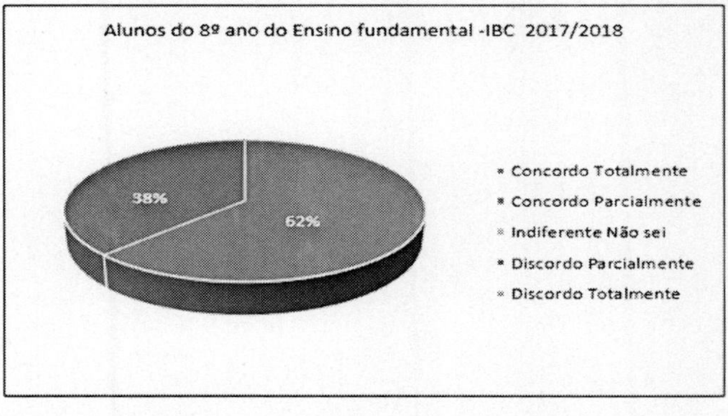

Fonte: o autor

40 Röu/xcrkfcêæq<"i tur q"ukvucêæq"xkuucn'g"uudi tur q"egi ugkt c"g" ugzq"hgo kpkpq

Na etapa de pós-validação foram implementadas diversas modificações, por isso os resultados atingiram o patamar de 100% para a alternativa "concordo totalmente", conforme a Tabela 12.

Dentre as modificações, destaca-se a adição do potenciômetro na nova placa de som v7x da CaTS, fator que viabilizou o ajuste do volume do som principalmente pelo estudante cego congênito. Outro fator que contribuiu para a validação foi a troca da voz sintetizada "Maria" pela voz sintetizada "Fernanda", que tem velocidade mais rápida.

Tabela 12 – Pós-validação: cegueira e sexo feminino

Pós-validação	Concordo totalmente	Concordo parcialmente	Indiferente Não sei	Discordo parcialmente	Discordo totalmente
Questão 5	8 (100%)	0%	0%	0%	0%

Fonte: o autor

50 Rtì/xcrkfcêæq<"i tur q"ukvucêæq"xkuucn'g"uudi tur q"egi ugkt c"g" ugzq"o cueurkpq

De modo geral, os estudantes cegos congênitos do sexo masculino identificaram que a voz sintetizada "Maria" era muito lenta, quase robotizada e que o nível sonoro (intensidade do som) gravado estava muito baixo, inclusive quando o estudante utilizava o fone de ouvido. Mesmo assim, 5 estudantes (62%) concordaram totalmente com a voz quanto à velocidade e intensidade sonora. Do restante, 2 estudantes (25%) concordaram parcialmente e um estudante discordou parcialmente. Esses resultados são mostrados no Gráfico 8.

Gráfico 8 – Pré-validação: cegueira e sexo masculino

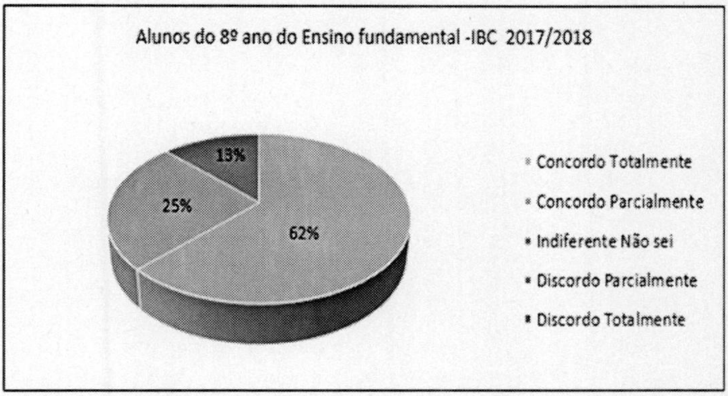

Fonte: o autor

6Ó Röu/xcrkfcêæq<'i turq"ukuuc êæq"xkuuc n'g"uudi turq"egi ugkt c"g" ugzq"o cueurkpq

Para esta fase da pós-validação, fez-se a implantação da voz sintetizada "Fernanda" com a velocidade mais rápida, na proporção *Speed*-1, *Pitch*-1 e *Rate (HZ)* 40K, que foi usada para regravar os conteúdos sobre biomas do Brasil. Essas modificações permitiram a escolha de 100% para a alternativa "concordo totalmente", conforme mostra a Tabela 13.

Tabela 13 – Pós-validação: cegueira e sexo masculino

Pós-validação	**Concordo totalmente**	**Concordo parcialmente**	**Indiferente Não sei**	**Discordo parcialmente**	**Discordo totalmente**
Questão 5	8 (100%)	0%	0%	0%	0%

Fonte: o autor

4.4.3.3 ANÁLISE DA QUESTÃO 5 QUANTO À SITUAÇÃO VISUAL (DEFICIÊNCIA VISUAL MODERADA/GRAVE)'E SEXO

A terceira análise da questão 5 (Quadro 18) foi referente ao grupo deficientes visuais moderado e grave por sexo e ao subgrupo de situação deficiente visual moderado/grave. O propósito foi identificar as correções propostas na etapa de pré-validação e analisar a aceitação das mudanças realizadas no produto na etapa de pós-validação.

Quadro 18 – Análise de situação visual e subgrupos (deficiente visual moderado/grave por sexo) do pré-teste e pós-teste de validação da CaTS

Grupo	Etapa	Subgrupos analisados
deficiente visual moderado/grave por sexo	Pré-validação	i) Grupo situação deficiente visual moderado/grave e sexo feminino
	Pós-validação	j) Grupo situação deficiente visual moderado/grave e sexo feminino
	Pré-validação	l)Grupo situação deficiente visual moderado/grave e sexo masculino
	Pós-validação	m) Grupo situação deficiente visual moderado/grave e sexo masculino

Fonte: o autor

3. Pré-validação: grupo situação visual do grupo **deficiente visual moderado/grave** por sexo feminino

Nessa etapa de pré-validação, considerou-se que as 7 estudantes com deficiência visual moderada/grave que participaram da pesquisa não possuíam a percepção tátil-cinestésica tão aguçada quanto os estudantes cegos congênitos porque são possuidoras de algum nível de resíduo visual. Por outro lado, considerou-se que as 7 estudantes possuíam condições acústicas normais, sendo capazes de perceber toda e qualquer sonoridade proposta.

O Gráfico 9 mostra que das sete estudantes com deficiência visual moderada/grave, três (43%) concordaram totalmente com a assertiva "O volume do som e a velocidade da voz da CaTS foram satisfatórios"; outras três estudantes (43%) concordaram parcialmente; e, por último, uma estudante (14%) optou por "indiferente ou não sei".

Gráfico 9 – Pré-validação: deficiente visual moderado/grave e sexo feminino

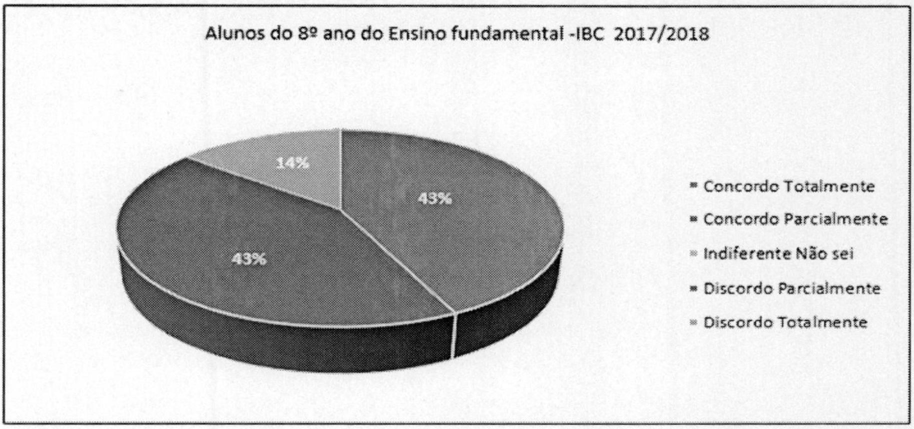

Fonte: o autor

40 Röu/xcrkfcêæq<"ìturq"ikuuc êæq"xkuuc n'g"uudi turq"f gNekgpvg"xkuuc n"o qfgtcfq1itcxg g"ugzq"hgo kpkpq

As modificações implementadas e a inclusão de novos dispositivos visando à melhoria da qualidade da voz e do controle do som foram os motivos pelos quais as sete estudantes com deficiência visual moderada/grave validaram a CaTS com um patamar de 100% para a afirmativa "concordo totalmente", conforme expõe a Tabela 14.

Tabela 14 – Pós-validação: deficiência visual moderado/grave e sexo feminino

Pós-validação	Concordo totalmente	Concordo parcialmente	Indiferente Não sei	Discordo parcialmente	Discordo totalmente
Questão 5	7 (100%)	0%	0%	0%	0%

Fonte: o autor

50 Rtì/xcrkfcêæq<"ìturq"ikuuc êæq"xkuuc n'g"uudi turq"f gNekípekc"xkuuc n"o qfgtcfq1itcxg"g"ugzq"o cueurkpq

Os dados da etapa de pré-validação estão representados na Tabela 15. Do total de dez estudantes com deficiência visual moderada/grave e do sexo masculino, oito (80%) concordaram totalmente, um estudante (10%) concordou parcialmente e um estudante (10%) discordou parcialmente.

Tabela 15 – Pré-validação: deficiência visual moderado/grave e sexo masculino

Pergunta N.º	Concordo Totalmente	Concordo Parcial-mente	Indiferente Não sei	Discordo Parcial-mente	Discordo Totalmente
5	8	1	0	1	0

Fonte: autor

60 Röu/xc nkf cêaq<i t ur q"ukuuc êaq"xkuuc n'g'uudi t ur q"f gNeki pekc"xkuuc n' o qf gt c f c1i t c xg'g'ugz q"o c ueurkpq

Nessa etapa de pós-validação, os estudantes com deficiência visual moderada/grave confirmaram em 100% concordância com as alterações tecnológicas feitas na CaTS conforme demostra a Tabela 16. A introdução da placa de som v7x com seus novos periféricos eletrônicos certamente contribuíram para que os resultados apontassem 100% de escolha da alternativa "concordo totalmente" pelos oito estudantes com deficiência visual moderada/grave.

Tabela 16 – Pós-validação: deficiência visual moderada/grave e sexo masculino

Pergunta N.º	Concordo totalmente	Concordo parcial-mente	Indiferente Não sei	Discordo parcial-mente	Discordo totalmente
05	10 (100%)	0%	0%	0%	0%

Fonte: o autor

4.4.4 ANÁLISE DA QUESTÃO 9: ESTATÍSTICA GLOBAL DA PRÉ E PÓS-VALIDAÇÃO

A questão nove foi outra que não atendeu ao nível de satisfação exigido para validação do produto educacional, sendo tão criticada quanto a questão cinco. Da mesma forma, para melhor entender as razões dessas críticas, foi feita uma análise estatística da questão nove, cuja afirmativa era: "Um estudante cego congênito/com deficiência visual modera e grave usa a CaTS com autonomia, sem ajuda do professor, e entende o que está proposto no mapa tátil-sonoro".

A questão nove foi proposta para avaliar se o estudante cego congênito/com deficiência visual moderada e grave poderia ou não manusear de forma autônoma a parte tecnológica da CaTS (por exemplo: ligar, desligar, colocar a lâmina do mapa tátil-sonoro, inserir um *pen drive*, acoplar o fone de ouvido).

Os resultados obtidos nas etapas de pré e pós-validação (Tabela 17) foram muito equivalentes.

Tabela 17 – Resultado global da questão 9

Questão 9	Concordo totalmente	Concordo parcial-mente	Indiferente Não sei	Discordo parcial-mente	Discordo totalmente
Pré-teste de validação	22(67%)	8(24%)	1(3%)	2(6%)	0(0%)
Pós-teste de validação	22(67%)	6(18%)	2(6%)	2(6%)	1(3%)

Fonte: o autor

Na fase de pré-validação da questão nove, a Tabela 17 mostrou que 22 estudantes (67%) concordaram totalmente que um cego congênito/com deficiência visual moderada e grave pode usar de forma autônoma a CaTS, sem ajuda do professor. Dos 33% restantes, oito estudantes (24%) concordaram parcialmente, um estudante (3%) mostrou-se indiferente e dois estudantes (6%) discordaram parcialmente. Considera-se que o nível de satisfação "concordo totalmente" ficou abaixo do percentual arbitrado de 85% necessário para validação.

Na fase de pós-validação da questão 9, o Gráfico 10 mostrou um resultado praticamente inalterado em relação ao resultado da etapa de pré-validação.

Gráfico 10 – Pós-validação: resultado global da questão 9

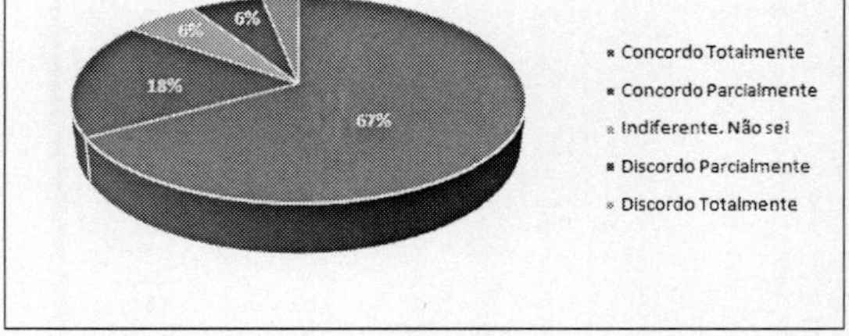

Fonte: o autor

A análise gráfica mostra que 22 estudantes (67%) concordaram totalmente que um estudante cego congênito/com deficiência visual moderada e grave pode usar de forma autônoma a CaTS, sem ajuda do professor. No entanto, seis estudantes (18%) concordaram parcialmente com a afirmativa, dois estudantes (6%) mostraram-se indiferentes e dois estudantes (6%) discordaram parcialmente e, por fim, um estudante discordou totalmente.

4.4.5 ANÁLISE DA QUESTÃO 9 QUANTO À SITUAÇÃO VISUAL E SEXO

A análise estatística por grupos e subgrupos amostrais quanto à situação visual e sexo permitiu entender os resultados para a assertiva proposta na questão 9: "Um estudante cego congênito/deficiente visual moderado e grave usa a CaTS com autonomia, sem ajuda do professor, e entende o que está proposto no mapa tátil-sonoro".

4.4.5.1 ANÁLISE DA QUESTÃO 9 QUANTO À SITUAÇÃO VISUAL (CEGUEIRA CONGÊNITA E DEFICIÊNCIA VISUAL MODERADA/GRAVE)

Nessa primeira etapa de análise da questão 9 (Quadro 19), utilizou-se o grupo situação visual e subgrupos cegueira congênita e deficiente visual moderado e grave.

Quadro 19 – Análise de subgrupos da amostra referentes ao pré e pós-validação da questão 9

Grupo	Etapa	Subgrupos analisados
Situação visual	Pré-validação	a) Grupo situação visual e subgrupo cegueira congênita
	Pós-validação	b)Grupo situação visual e subgrupo cegueira congênita
	Pré-validação	c)Grupo situação visual e subgrupo deficiente visual moderado e grave
	Pós-validação	d) Grupo situação visual e subgrupo deficiente visual moderado e grave

Fonte: o autor

30 Rtì/xcrkfcêæq<ïturq"ikuuc êæq"xkuuc ríg"uudi turq"egi ugkt c"eqpi íplxc

O Gráfico 11 mostra que a maioria dos estudantes cegos congênitos que participaram da pesquisa (dez estudantes, ou seja, 63%) concordaram totalmente com afirmativa de que "um estudante deficiente visual moderado e grave pode usar de forma autônoma a CaTS, sem ajuda do professor"; cinco estudantes participantes (31%) concordaram parcialmente e 1 estudante (6%) discordou parcialmente da afirmativa proposta.

Gráfico 11 – Pré-validação: cegueira congênita

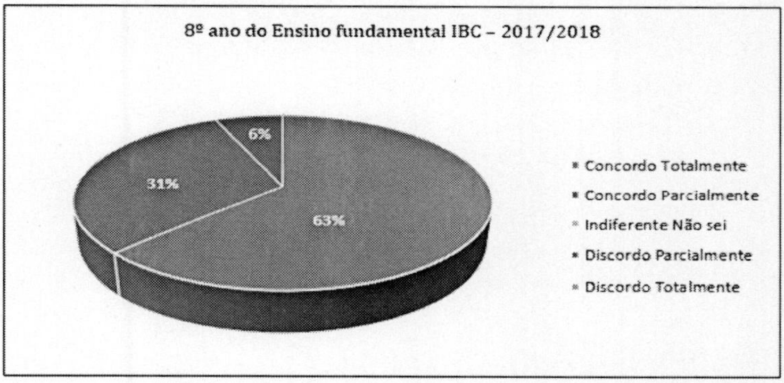

Fonte: o autor

4Ó Röu/xcnkf cêæq<ï t urq"ukuuc êæq"xkuuc nïg"uudi t urq"egi ugkt c"eqpi í pkuc

Após as mudanças feitas na CaTS, houve significativa alteração na avalição da questão 9 pelos estudantes cegos congênitos. O Gráfico 12 mostra que 15 (94%) dos estudantes concordaram totalmente com a afirmativa e 6% concordaram parcialmente da necessidade do professor para explicar a usabilidade tecnológica da CaTS.

Gráfico 12 – Pós-validação: cegueira congênita

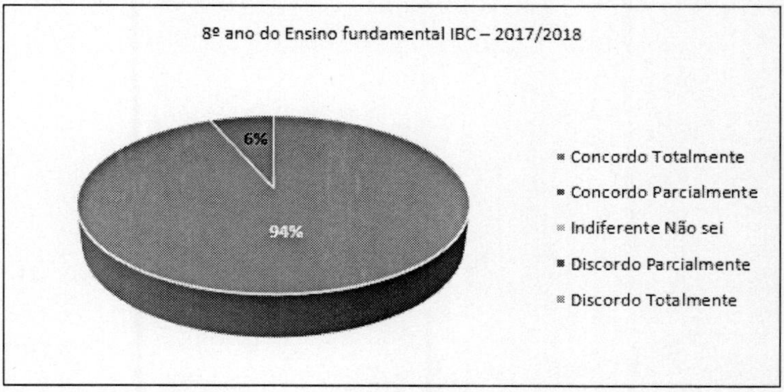

Fonte: o autor

50 Rtì/xcrkfcêaq<"itur q"ukuuc êaq"xkuuc rl'g"uudi tur q"eqo "f gNekípekc" xkuuc rl'o qfgtcfc"g"i tcxg

Os resultados do subgrupo de 17 estudante com deficiência visual moderada e grave (Gráfico 13) mostraram que 12 estudante (70%) concordaram totalmente com a afirmativa proposta. Dentre os cinco estudantes restantes, três (18%) concordaram parcialmente e dois (12%) discordaram parcialmente. É importante destacar que, mesmo com resquício visual, os estudantes com deficiência visual moderada e grave optaram pela necessidade da presença do professor para a uso da CaTS.

Gráfico 13 – Pré-validação: deficiência visual moderada e grave

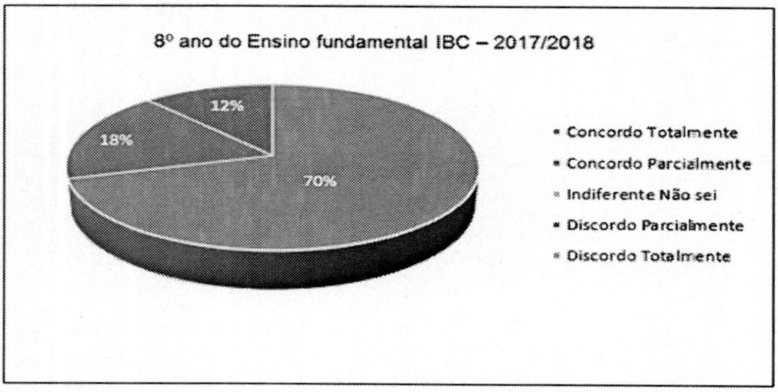

Fonte: o autor

60 Röu/xcrkfcêaq<"itur q"ukuuc êaq"xkuuc rl'g"uudi tur q"eqo "f gNekípekc" xkuuc rl'o qfgtcfc"g"i tcxg

Na etapa de pós-validação, conforme a Tabela 18, os estudantes deficiência visual moderada e grave concordaram em 100% com a afirmativa de que não há necessidade da presença do professor para manusear a parte tecnológica da CaTS.

Tabela 18 – Pós-validação: deficiência visual moderada e grave

Pós-validação	Concordo totalmente	Concordo parcialmente	Indiferente Não sei	Discordo parcialmente	Discordo totalmente
Questão 9	17 (100%)	0%	0%	0%	0%

Fonte: o autor

4.4.5.2 ANÁLISE DA QUESTÃO 9 QUANTO À CEGUEIRA CONGÊNITA E SEXO

Nessa segunda análise da questão 9 (Quadro 20), fez-se a divisão do grupo *cegueira congênita* por sexo masculino e feminino para identificar as características de cada grupo participante da pesquisa.

Quadro 20 – Segunda análise de situação visual e subgrupos (cegos congênitos e sexo) do pré-teste e pós-teste de validação da CaTS

Grupo	Etapa	Subgrupos analisados
Situação visual (cegueira congênita) por sexo	Pré-validação	e) Grupo situação visual (cegueira) e sexo feminino
	Pós-validação	f) Grupo situação visual (cegueira) e sexo feminino
	Pré-validação	g) Grupo situação visual (cegueira) e sexo masculino
	Pós-validação	h) Grupo situação visual (cegueira) e sexo masculino

Fonte: o autor

30 Rtì/xcrkfcêæq<ï turq"ukuuc êæq"xkuuc n'g'uudi turq"egi ugkt c"eqpi í/ pkuc"g'ugzq"hgo kpkpq

Essa etapa de pré-validação foi feita por oito estudante com cegueira congênita. No Gráfico 14 observa-se que cinco estudantes (62%) concordaram totalmente com a afirmativa de que "um estudante com cegueira congênita pode usar de forma autônoma a CaTS, sem ajuda do professor", enquanto três estudantes (38%) concordam apenas parcialmente.

Gráfico 14 – Pré-validação da CaTS: cegueira congênita e sexo feminino

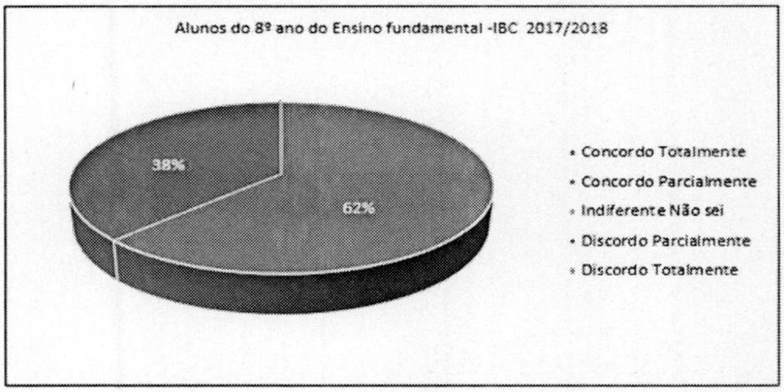

Fonte: o autor

40 Röu/xc rkf c êæq<"i t ur q"ukvuc êæq"xkuuc rí'g"uudi t ur q"egi ugkt c "g" ugz q"hgo kpkpq

No pós-teste de validação, após as modificações implementadas na CaTS, todas as oito estudantes com cegueira congênita demonstraram desembaraço no manuseio e contato direto com elementos tecnológicos da CaTS, por isso 100% das estudantes validaram a questão n.º 9 ao concordarem totalmente com a afirmativa proposta, conforme mostra a Tabela 19.

Tabela 19 – Pós-validação: cegueira congênita e sexo feminino

Pós-validação	Concordo totalmente	Concordo parcialmente	Indiferente Não sei	Discordo parcialmente	Discordo totalmente
Questão 9	8 (100%)	0%	0%	0%	0%

Fonte: o autor

50 Rt ì/xc rkf c êæq<"i t ur q"ukvuc êæq"xkuuc rí'g"uudi t ur q"egi ugkt c "g" ugz q"o cuewnkpq

No pré-teste de validação, dos oito estudantes cegos congênitos masculinos, cinco (62%) concordaram totalmente com a afirmativa de que o estudante cego congênito tem autonomia para manipular a CaTS (Gráfico 15). Do grupo restante de estudantes, dois (25%) concordaram parcialmente com essa autonomia tecnológica, enquanto apenas um estudante (13%) discordou parcialmente.

Gráfico 15 – Pré-validação: cegueira congênita e sexo masculino

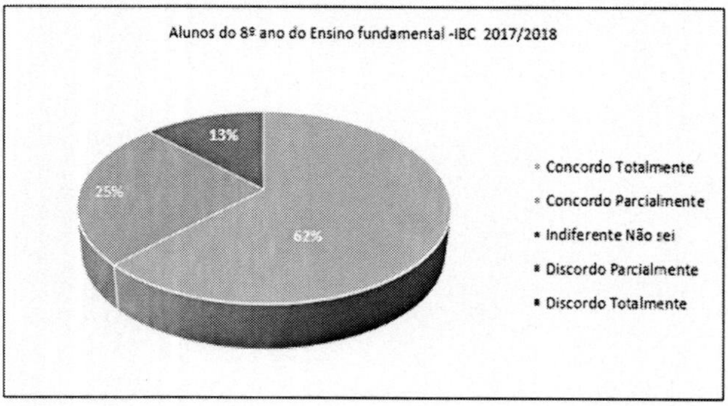

Fonte: o autor

6Ó Röu/xcrkfcêæq<ï turq"ukvucêæq"xkuucn'g'uudi turq"egiugkc"eqpií/ pkc"g'ugzq"o cuewrkpq

De acordo com a Tabela 20, após as modificações da CaTS, todos os estudantes com cegueira congênita masculinos concordam totalmente que não há necessidade de um professor para orientar o funcionamento da parte tecnológica da CaTS, ou seja, o estudante com cegueira congênita, masculino, tem plena autonomia para manipulá-la.

Tabela 20 – Pós-validação: cegueira congênita e sexo masculino

Pós-validação	Concordo totalmente	Concordo parcialmente	Indiferente Não sei	Discordo parcialmente	Discordo totalmente
Questão 9	8 (100%)	0%	0%	0%	0%

Fonte: o autor

4.4.5.3 ANÁLISE DA QUESTÃO 9 QUANTO À SITUAÇÃO VISUAL (DEFICIÊNCIA VISUAL MODERADA/GRAVE) E SEXO

A terceira etapa de análise da questão 9 (Quadro 21) foi referente ao grupo por sexo e ao subgrupo de situação deficiência visual moderada e grave.

Quadro 21 – Terceira análise de situação visual e subgrupos (*deficiência visual moderada e grave*) do pré-teste e pós-teste de validação da CaTS

Grupo	Etapa	Subgrupos analisados
Baixa visão por sexo	Pré-validação	i) Grupo situação visual (*deficiência visual moderada e grave*) e sexo feminino
	Pós-validação	j) Grupo situação visual *deficiência visual moderada e grave* e sexo feminino
	Pré-validação	l) Grupo situação visual *deficiência visual moderada e grave*) e sexo masculino
	Pós-validação	m) Grupo situação visual (*deficiência visual moderada e grave*) e sexo masculino

Fonte: o autor

3ʹ Rtì/xcrkfcêæq<ïturq"ukuucêæq"xkuuc ri'g'uuditurq"fgNekipekc"xkuuc n' o qfgtcfc"g"itcxg"g"ugzq"hgo kpkpq

Essa etapa de pré-validação foi executada com um grupo de sete estudantes com deficiência visual moderada e grave, dos quais quatro eram moderadas e três eram graves.

A análise mostrou que três (43%) estudantes com *deficiência visual moderada e grave* concordaram totalmente com a afirmativa da questão 9. Da mesma forma, outras 3 (43%) estudantes concordam parcialmente, enquanto 1 estudante (14%) optou por indiferente ou não sei (Tabela 21).

Tabela 21 – Pré-validação: deficiência visual moderada/grave e sexo feminino

Pré-validação	Concordo totalmente	Concordo parcialmente	Indiferente Não sei	Discordo parcialmente	Discordo totalmente
Questão 9	3 (43%)	3 (43%)	1 (14%)	0%	0%

Fonte: o autor

4ʹ Röu/xcrkfcêæq<ïturq"ukuucêæq"xkuuc ri'g'uuditurq"fgNekipekc"xkuuc n' o qfgtcfc"g"itcxg"g"ugzq"hgo kpkpq"

Na etapa de pós-validação, após as modificações implementadas na CaTS, as estudantes com deficiência visual moderada e grave exploravam melhor a CaTS usando o resíduo visual e a parte sensorial do tato. No fim da testagem, 100% concordaram totalmente com a afirmativa da questão 9 e validaram o produto (Tabela 22).

Tabela 22 – Pós-validação: deficiência visual moderada e grave

Pós-validação	Concordo totalmente	Concordo parcialmente	Indiferente Não sei	Discordo parcialmente	Discordo totalmente
Questão 9	7 (100%)	0%	0%	0%	0%

Fonte: o autor

5Ó Rtì/xcrkfcêãq<ï turq"ukuucêãq"xkuucn'g"uudi turq"fgNeki pekc"xkuucn' oqfgtcfc"g'itcxg'g'ugzq"o cueurkpq

No pré-teste de validação, os dez estudantes com deficiência visual moderada e grave e masculino, eram compostos por nove estudante com deficiência visual moderada e um estudante com deficiência visual grave.

Dos dez estudantes participantes (Tabela 23), oito (80%) concordaram totalmente que não há necessidade de um professor para manusear a CaTS; um estudante (11%), na situação de deficiência visual grave, discordou parcialmente; e 1 estudante (11%) com deficiência visual moderada concordou parcialmente com a afirmativa da questão.

Tabela 23 – Pré-validação: deficiência visual moderada e grave

Pós-validação	Concordo totalmente	Concordo parcialmente	Indiferente Não sei	Discordo parcialmente	Discordo totalmente
Questão 9	8 (80%)	1 (10%)	0%	1 (10%)	0%

Fonte: o autor

6Ó Röu/xcrkfcêãq<ï turq"ukuucêãq"xkuucn'g"fgNeki pekc"xkuucn'o qfgtcfc" g'itcxg'g'ugzq"o cueurkpq

Após as modificações na CaTS, 100% dos estudantes participantes do pós-teste de validação concordaram que não há necessidade de um professor para o uso da CaTS na parte tecnológica, conforme mostra a Tabela 24.

Tabela 24 – Pós-teste: deficiência visual moderada e grave

Pergunta N.º	Concordo totalmente	Concordo parcialmente	Indiferente Não sei	Discordo parcialmente	Discordo totalmente
09	10 (100%)	0%	0%	0%	0%

Fonte: o autor

CAPÍTULO 5

CONSIDERAÇÕES FINAIS

5.1 CONCLUSÃO

O cenário atual da educação brasileira apresenta grandes dificuldades para os estudantes cegos/deficientes visuais leves, moderados e graves. Dentre os principais motivos responsáveis pelas dificuldades, dois têm maior destaque:

1. falta de profissionais capacitados para trabalhar o processo de ensino com uma criança ou adolescente com deficiência visual;
2. poucos materiais didáticos acessíveis para esse grupo estudado, principalmente a partir do 6º ano do ensino fundamental até a universidade.

Na busca de soluções para o ensino especializado de estudante com deficiência visual, esta pesquisa teve como finalidade criar um produto educacional de Tecnologia Assistiva de baixo custo denominada Caixa Tátil-Sonora.

O objetivo geral"desta obra teve como premissa criar um produto de Tecnologia Assistiva de baixo custo denominado Caixa Tátil Sonora-CaTS, que agrupa em uma única ferramenta didática o uso do tato e da audição para o ensino de estudantes deficiente visual. Para atender a esse objetivo geral foram desenvolvidos métodos e procedimentos simples que permitiram a produção da CaTS, uma ferramenta didática:

- que explora simultaneamente dois sentidos sensoriais, o tato e a audição, como canais de aprendizagem para o ensino dos estudantes cegos/deficientes visuais leves, moderados e graves;
- cuja construção com materiais simples permite que seja reproduzido com baixos custos financeiros;
- que tem a simplicidade didática de manuseio instrumental e tecnológico que favorecem tanto o professor quanto os estudantes cegos/deficientes visuais leves, moderados e graves;

- cujo pequeno tamanho da caixa de madeira e a leveza do material empregado facilitam o transporte do produto no ambiente escolar.
- com a versatilidade do produto, que pode aceitar lâminas removíveis, em formato de mapas táteis sonoros, para o ensino de diferentes disciplinas no ensino infantil, fundamental ou superior.

Este trabalho buscou detalhar, sob forma de passo a passo, toda a metodologia desenvolvida para a criação e validação do produto, bem como sua padronização em tamanho, medidas, tipos de materiais, etapas de criação da placa de som especial e inclusão de dispositivos como potenciômetro e microplacas solares. Todos os procedimentos de construção foram expostos nos textos de Metodologia e Resultados da pesquisa, desde as dimensões, esquemas, materiais eletrônicos periféricos, sistema de gravação para a produção da Caixa Tátil-Sonora (CaTS).

Para atender ao primeiro objetivo específico da pesquisa, cuja assertiva era "Planejar e produzir produtos de Tecnologia Assistiva de baixo formado pelo protótipo da CaTS e protótipos dos mapas sonoros, dispositivos educacionais para o ensino de estudantes cegos/deficientes visuais leves, moderados e graves", esta pesquisa requereu muitos meses de trabalho, tanto no planejamento quanto no desenvolvimento desse produto didático inédito.

Em função da sua originalidade, o protótipo da CaTS foi apresentado pelo pesquisador, em agosto de 2018, para uma Comissão da AGIR-UFF (Agência de Inovação, setor da Pró-Reitoria de Pesquisa, Pós-Graduação e Inovação da Universidade Federal Fluminense), em sua sede no *campus* da Praia Vermelha.

Após aprovar a apresentação da CaTS como produto inovador em Educação Especial, a Comissão da AGIR solicitou que o pesquisador preenchesse os formulários e iniciasse o processo de registro de patente. A patente foi publicada em 25/05/2021, pelo Instituto Nacional da Propriedade Industrial com registro BR 102019023969-7 A2.

Nos anos anteriores, ainda com o protótipo da CaTS em desenvolvimento, o pesquisador protocolou e registrou dois produtos educacionais no Departamento de Direitos Autorais da Fundação Biblioteca Nacional do Ministério da Cultura.

O primeiro produto, denominado "Produção e avaliação de mapas táteis-sonoros para o ensino de estudante com deficiência visual", foi protocolado em 4 de setembro de 2017 sob o n.º 016909-16. O segundo, denominado "Caixa Tátil-Sonora", foi protocolado em 23 de janeiro de 2018 sob o n.º 0012261/6.

O segundo objetivo específico foi "Avaliar os mapas táteis sonoros sobre os biomas brasileiros utilizando o protótipo da CaTS em sala de aula para estudantes deficientes visuais". Esse segundo objetivo foi atingido de modo simultâneo, em sala de aula, com o terceiro objetivo específico:" "Validar o protótipo da CaTS e os protótipos dos mapas sonoros em sala de aula para estudantes cegos/deficientes visuais", visto que o produto de Tecnologia Assistiva CaTS é formado pela reunião da caixa de madeira, da placa de som especial e dos mapas táteis sonoros. Desse modo, a produção e avaliação dos dois objetivos específicos foram feitos em um mesmo momento.

Quanto à validação da CaTS, visando ao seu reconhecimento didático e, também, para fins de registro de patente, o produto foi submetido a rigorosa análise pelo próprio usuário. Após alguns meses de trabalho nas etapas de produção, iniciaram-se as etapas de avaliação para validação dos produtos educacionais.

Essa fase de validação foi feita no Instituto Benjamin Constant (IBC), no Rio de Janeiro com trinta e três estudantes cegos/deficientes visuais (16 cegos congênitos e 17 estudantes com deficiência visual moderada e grave), todos estudantes do 8º ano do ensino fundamental, nos anos de 2017 e 2018. O grupo de estudante era formado pelas turmas 801 e 802 do IBC:

- 12 estudantes cegos/deficientes visuais moderados e graves do 8º ano do ensino fundamental do 4º trimestre de 2017;
- 21 estudantes cegos/deficientes visuais moderados e graves do 8º ano do ensino fundamental do 1º trimestre de 2018.

A participação dos estudantes do Instituto Benjamin Constant foi fundamental para validar o protótipo final da CaTS. Nesse processo de validação, fez-se uso de pré-testes e pós-testes de validação com estudante de diferentes situações visuais: estudantes cegos congênitos, estudantes com deficiência visual moderada/grave; fez-se uso também de testes de validação com uma professora cega congênita.

Em duas fases de pré-testes e pós-testes para a validação do produto educacional, os estudantes testaram os materiais e responderam 14 questões de um questionário baseado na escala Likert, um instrumento de medida de satisfação de produtos, reconhecido internacionalmente nos ambientes acadêmicos.

O quarto objetivo específico"foi "Avaliar e validar, por métodos de estatística descritiva, as respostas dos questionários sobre a CaTS e os mapas sonoros para determinar seus desempenhos como ferramentas didáticas de TA no processo ensino- aprendizagem dos estudantes cegos/deficientes visuais". Após o processo de validação, para atender ao quarto objetivo específico, fez-se a coleta e organização dos dados do questionário e, a partir da análise percentual desses dados, construíram-se os gráficos em pizza e as tabelas simples. O *software* utilizado nessas análises estatísticas foi o MS Excel 2007.

A estatística da pesquisa constou de análises globais e análises detalhadas para identificar, separadamente, a validação por estudantes cegos congênitos e por estudante com deficiência visual moderada e grave. Para isso, os dados foram organizados em grupos e subgrupos em três níveis:

1. exclusivamente quanto à situação visual (cegueira congênita e deficiência visual moderada e grave);
2. quanto ao sexo e situação visual (cegueira congênita);
3. quanto ao sexo e situação visual (deficiência visual moderada e grave).

Os grupos e subgrupos foram formados por 18 estudantes do sexo masculino e 15 do sexo feminino. Do total, 16 eram cegos congênitos, divididos em oito do sexo masculino e oito do sexo feminino. Os 17 estudantes com deficiência visual moderada e grave foram divididos em 13 com deficiência visual moderada, dos quais quatro estudantes eram do sexo feminino e nove do sexo masculino. Os outros quatro estudantes tinham deficiência visual grave, sendo três do sexo feminino e um do sexo masculino.

Durante o desenvolvimento das diferentes fases dos protótipos da CaTS, o pesquisador os apresentou em diversos congressos, simpósios e encontros no Brasil e no exterior (França e Portugal). No Brasil, os protótipos da CaTS foram apresentados em diversos eventos acadêmicos e científicos nos estados do Rio de Janeiro, São Paulo, Minas Gerais, Santa Catarina, Rio Grande do Sul e Paraíba.

A CaTS obteve boa receptividade em todas essas reuniões acadêmicas, em que os participantes se manifestaram por meio de elogiosas referências sobre o caráter inovador do produto, especialmente por reunir o tato e a audição para a aprendizagem. Nesses encontros acadêmicos, congressos nacionais e internacionais, o pesquisador preocupou-se em mostrar o nível de usabilidade da CaTS como uma ferramenta didática simples, barata e de fácil uso pelo estudante com cegueira/deficiente visual.

5.2 PERSPECTIVAS

Espera-se que a CaTS seja mais uma ferramenta didática de Tecnologia Assistiva de baixo custo que possibilite o ensino de pessoas com deficiência visual. A sua finalidade é contribuir para a melhoria na qualidade do ensino na área de educação especial, trazendo como inovação o uso simultâneo dos sentidos do tato e da audição, uma forma de promover a aprendizagem pela ativação de diferentes neurônios e pelo estímulo de diferentes áreas do cérebro.

Espera-se que esta obra desperte novas pesquisas e que áreas de neurociências, neurologia, neurolinguística e outras áreas paralelas como bioquímica e fisiologia do sistema nervoso desenvolvam mais pesquisas que demostrem as interações entre as funções sensoriais do tato e da audição e seus efeitos somatórios na aprendizagem.

Quanto ao produto educacional CaTS, acreditamos que pode ser aperfeiçoado. No protótipo atual já registrado como patente pelo INPI, a placa v7x hoje disponibiliza 34 saídas de acionadores de pontos sonoros, mas pode ser utilizada por mapas táteis até com 54 saídas de pontos sonoros.

O próximo passo será o desenvolvimento de uma nova placa de som para 120 saídas de pontos sonoros e a colocação de um dispositivo em *bluetooth* na CaTS. Assim, a futura placa de som permitirá o uso de grupos de estudo de três estudantes que usarão um único pen drive para o estudo de diversas lâminas sonoras produzidas em modelos bidimensionais ou tridimensionais.

REFERÊNCIAS

AGNOL, Anderson Dall *et al.* O público-alvo da educação especial na perspectiva da educação inclusiva. In: SONZA, Andréa Poletto; SALTON, Bruna Poletto; STRAPAZZON, Jair Adriano. (org.). **O uso pedagógico dos recursos de tecnologia assistiva.** Bento Gonçalves: IFRS, 2015. p. 56-106.

ALMEIDA, Maria da Glória de Souza. **Prontidão para alfabetização através do sistema Braille.** Rio de Janeiro: Instituto Benjamin Constant, 1995.

ALMEIDA, Maria da Glória de Souza. Fundamentos da alfabetização: uma construção sobre quatro pilares. **Revista Benjamin Constant**, Rio de Janeiro, n. 22, p. 1-14. Disponível em: http://revista.ibc.gov.br/index.php/BC/article/view/563. Acesso em: 5 dez. 2017.

ALMEIDA, Maria da Glória de Souza. Caderno de pré-leitura para o Sistema Braille. **Caderno único. Rio de Janeiro: MEC/IBC/DTE/DPME**, 2007.

ALVES, Tatiane Lemos. Biblioteca acessível: eliminando barreiras. **Revista Brasileira de Biblioteconomia e Documentação**, São Paulo, v. 13, p. 1883-1898, 2017.

AMERICO, Solange Maria *et al.* **Memória auditiva e desempenho em escrita de deficientes visuais**. São Paulo: Universidade Estadual de Campinas, 2002.

BARRAGA, Natalie C. Sensory perceptual development. *In*: SCHOLL, Geraldine T. (ed.). **Foundations of education for blind and visually handicapped children and youth**: theory and practice. New York: American Foundation for the Blind, 1986. p. 83-98.

BERSCH, Rita. **Introdução à tecnologia assistiva**. Porto Alegre: CEDI, 2008.

BRABO, Regina. **Leitura e interpretação de projetos arquitetônicos**. Tucuruí: Universidade Federal do Pará, 2009.

BRASIL. **Decreto n.º 1.428, de 13 de setembro de 1854**. Crea nesta Côrte hum Instituto denominado Imperial Instituto dos meninos cegos. Rio de Janeiro: Imperador do Império, 1854. Disponível em: https://www2.camara.leg.br/legin/fed/decret/1824-1899/decreto-1428-12-setembro-1854-508506-publicacaooriginal-1-pe.html. Acesso em: 10 fev. 2017.

BRASIL. **Decreto n.º 1.331-A, de 17 de fevereiro de 1854**. Approva o Regulamento para a reforma do ensino primario e secundario do Municipio da Côrte. Rio de Janeiro: Imperador do Império, 1854. Disponível em: https://www2.camara.leg.br/legin/fed/decret/1824-1899/decreto-1331-a-17-fevereiro-1854-590146-publicacaooriginal-115292-pe.html. Acesso em: 20 fev. 2017.

BRASIL. **Decreto n.º 1.683, de 28 de novembro de 1855**. Abre ao Ministerio do Imperio hum credito extraordinario de 15.000$000 para occorrer ás despezas com o Imperial Instituto dos meninos cegos, no exercicio de 1855 - 1856. Rio de Janeiro: Imperador do Império, 1855. Disponível em: https://www2.camara.leg.br/legin/fed/decret/1824-1899/decreto-1683-28-novembro-1855-558699-publicacaooriginal-80202-pe.html. Acesso em: 20 fev. 2017.

BRASIL. **Lei n.º 1.829, de 9 de setembro de 1870**. Sancciona o Decreto da Assembléa Geral que manda proceder ao recenseamento da população do Imperio. Rio de Janeiro: Imperador do Império, 1870. Disponível em: https://www2.camara.leg.br/legin/fed/leimp/1824-1899/lei-1829-9-setembro-1870-552647-norma-pl.html#:~:text=EMENTA%3A%20Sancciona%20o%20Decreto%20da,recenseamento%20da%20popula%C3%A7%C3%A3o%20do%20Imperio. Acesso em: 21 fev. 2017.

BRASIL. **Decreto n.º 4.856, de 30 de dezembro de 1871**. Manda proceder, em execução do art.1º da Lei nº 1829, de 9 de Setembro de 1870, ao primeiro recenseamento da população do Imperio. Rio de Janeiro: Imperador do Império, 1871. Disponível em: https://www2.camara.leg.br/legin/fed/decret/1824-1899/decreto-4856-30-dezembro-1871-552291-norma-pe.html. Acesso em: 21 fev. 2017.

BRASIL. **Recenseamento do Brazil em 1872**. Rio de Janeiro: Typ. G. Leuzinger, [1874?]. Disponível em: http://biblioteca.ibge.gov.br/bibliotecacatalogo?view=detalhes&id=225477. Acesso: em 22 fev. 2017.

BRASIL. **Decreto n.º 9, de 21 de novembro de 1889**. Altera a denominação do antigo Collegio de Pedro II e supprime a de; Imperial de varios estabelecimentos dependentes do Ministerio dos Negocios do Interior. Rio de Janeiro: Presidência da República, 1889a. Disponível em: https://www2.camara.leg.br/legin/fed/decret/1824-1899/decreto-9-21-novembro-1889-511037-norma-pe.html. Acesso em: 17 fev. 2017.

BRASIL. **Decreto n.º 193, de 30 de janeiro de 1889**. Altera a denominação do Instituto dos Meninos Cégos. Rio de Janeiro: Presidência da República, 1889b. Disponível em: https://www2.camara.leg.br/legin/fed/decret/1824-1899/decreto-193-30-janeiro-1890-506611-publicacaooriginal-1-pe.html. Acesso em: 20 fev. 2017.

BRASIL. **Decreto n.º 408, de 17 de maio de 1889**. Aprova o regulamento para o Instituto Nacional dos Cegos. Rio de Janeiro: Presidência da República, 1889c. Disponível em: https://www2.camara.leg.br/legin/fed/decret/1824-1899/decreto--408-17-maio-1890-509179-publicacaooriginal-1-pe.html#:~:text=Approva%20o%20regulamento%20para%20o%20Instituto%20Nacional%20dos%20Cegos. Acesso em: 25 fev. 2017.

BRASIL. **Decreto n.º 1320, de 24 de janeiro de 1891**. Institue horas e homenagens á memoria do emitente cidadão o general de brigada Benjamim Constant Botelho de Magalhães. Rio de Janeiro: Presidência da República, 1891. Disponível em: https://legis.senado.leg.br/norma/392142/publicacao/15837174. Acesso em: 20 fev. 2017.

BRASIL. **Decreto n.º 14.165, de 3 de dezembro de 1943**. Aprova o Regimento do Instituto Benjamim Constant do Ministério da Educação e Saúde. Rio de Janeiro: Presidência da República, 1943. Disponível em: https://www2.camara.leg.br/legin/fed/decret/1940-1949/decreto-14165-3-dezembro-1943-469402-publicacaooriginal-1-pe.html. Acesso em: 25 fev. 2017.

BRASIL. **Lei n.º 2.268, de 14 de fevereiro de 1954**. Isenta a Fundação para o Livro do Cego no Brasil do pagamento de impostos e taxas federais. Rio de Janeiro: Presidência da República, 1954. Disponível em: https://www2.camara.leg.br/legin/fed/lei/1950-1959/lei-2268-14-julho-1954-361475-publicacaooriginal-1-pl.html. Acesso em: 24 fev. 2017.

BRASIL. [Constituição (1988)]. **Constituição da República Federativa do Brasil de 1988**. Brasília, DF: Presidência da República, [1988]. Disponível em: https://www.planalto.gov.br/ccivil_03/constituicao/constituicao.htm. Acesso em: 1 mar. 2017.

BRASIL. **Lei n.º 9.424, de 24 de dezembro 1996**. Dispõe sobre o Fundo de Manutenção e Desenvolvimento do Ensino Fundamental e de Valorização do Magistério, na forma prevista no art. 60, § 7º, do Ato das Disposições Constitucionais Transitórias, e dá outras providências. Brasília, DF: Presidência da República, 1996. Disponível em: https://www.planalto.gov.br/ccivil_03/leis/l9424.htm. Acesso em: 29 jun. 2017.

BRASIL. **Lei n.º 9394, de 20 de dezembro de 1996**. Estabelece as diretrizes e bases da educação nacional. Brasília, DF: Presidência da República, 1996. Disponível em: http://www.planalto.gov.br/ccivil_03/leis/l9394.htm. Acesso em: 10 jun. 2017.

BRASIL. **Recenseamento do Brasil em 2000**. Rio de Janeiro: IBGE, 2000. Disponível em: https://www.ibge.gov.br/estatisticas/sociais/administracao-publica-e--participacao-politica/9663-censo-demografico-2000.html. Acesso em: 2 abr. 2017.

BRASIL. **Lei n.º 10.845, de 5 de março de 2004**. Institui o Programa de Complementação ao Atendimento Educacional Especializado às Pessoas Portadoras de Deficiência, e dá outras providências. Brasília, DF: Presidência da República, 2004a. Disponível em: https://www.planalto.gov.br/ccivil_03/_ato2004-2006/2004/lei/l10.845.htm. Acesso em: 5 ago. 2017.

BRASIL. **Decreto n.º 5.296, de 2 de dezembro de 2004**. Regulamenta as Leis nos 10.048, de 8 de novembro de 2000, que dá prioridade de atendimento às pessoas que especifica, e 10.098, de 19 de dezembro de 2000, que estabelece normas gerais e critérios básicos para a promoção da acessibilidade das pessoas portadoras de deficiência ou com mobilidade reduzida, e dá outras providências. Brasília, DF: Presidência da República, 2004b. Disponível em: https://www.planalto.gov.br/ccivil_03/_ato2004-2006/2004/decreto/d5296.htm. Acesso em: 10 jun. 2023.

BRASIL. Ministério da Educação. Secretaria de Educação Especial. **Saberes e práticas da inclusão**: desenvolvendo competências para o atendimento às necessidades educacionais especiais de alunos cegos e de alunos com baixa visão. 2. ed. Brasília: MEC/SEESP, 2006.

BRASIL. Secretaria Especial dos Direitos Humanos da Presidência. Coordenadoria Nacional para Integração da Pessoa Portadora de Deficiência. Comitê de Ajudas Técnicas. **Ata da Reunião VII, de dezembro de 2007**. Brasília, DF: Secretaria Especial dos Direitos Humanos, 2007. Disponível em: https://www.assistiva.com.br/Ata_VII_Reuni%C3%A3o_do_Comite_de_Ajudas_T%C3%A9cnicas.pdf. Acesso em: 20 abr. 2017.

BRASIL. Secretaria de Educação Especial. **Política Nacional de Educação Especial na Perspectiva da Educação Inclusiva**. Brasília, DF: SEESP, 2008a. Disponível em: http://portal.mec.gov.br/arquivos/pdf/politicaeducespecial.pdf. Acesso em: 30 jun. 2017.

BRASIL. Ministério da Saúde. **Portaria n.º 3128, 24 de dezembro de 2008**. Brasília, DF: Ministério da Saúde, 2008b. Disponível em: https://bvsms.saude.gov.br/bvs/saudelegis/gm/2008/prt3128_24_12_2008.html. Acesso em: 20 jul. 2017.

BRASIL. Ministério da Educação. Conselho Nacional de Educação. Câmara de Educação Básica. **Resolução n.º 4, de 2 de outubro de 2009**. Institui Diretrizes Operacionais para o Atendimento Educacional Especializado na Educação Básica, modalidade Educação Especial. Brasília, DF: Ministério da Educação, 2009. Disponível em: http://portal.mec.gov.br/dmdocuments/rceb004_09.pdf. Acesso em: 23 mar. 2011.

BRASIL. **Decreto n.º 6949, de 25 de novembro de 2009**. Promulga a Convenção Internacional sobre os Direitos das Pessoas com Deficiência e seu Protocolo Facultativo, assinados em Nova York, em 30 de março de 2007. Brasília, DF: Presidência da República, 2009. Disponível em: https://www.planalto.gov.br/ccivil_03/_ato2007-2010/2009/decreto/d6949.htm. Acesso em: 15 jul. 2017.

BRASIL. **Decreto n.º 7.611, de 17 de novembro de 2011**. Dispõe sobre a educação especial, o atendimento educacional especializado e dá outras providências. Brasília, DF: Presidência da República, 2011. Disponível em: https://www.planalto.gov.br/ccivil_03/_ato2011-2014/2011/decreto/d7611.htm. Acesso em: 5 mar. 2017.

BRASIL. Ministério de Educação. Secretaria de Educação Continuada, Alfabetização, Diversidade e Inclusão. Diretoria de Políticas de Educação Especial. **Nota técnica n.º 055/2013/MEC/SECADI/DPEE**. Orientação à atuação dos centros de AEE, na perspectiva da educação inclusiva. Brasília, DF: Ministério da Educação, 2013. Disponível em: https://pcd.mppr.mp.br/arquivos/File/NOTATECNICAN-055CentrosdeAEE.pdf. Acesso em: 15 set. 2017.

BRASIL. **Lei 13.146, de 6 de julho de 2015**. Dispõe sobre a Lei Brasileira de Inclusão da Pessoa com Deficiência. Brasília, DF: Presidência da República, 2015a. Disponível em: https://www.planalto.gov.br/ccivil_03/_ato2015-2018/2015/lei/l13146.htm. Acesso em: 25 jan. 2017.

BRASIL. Orientações para implementação da política de educação especial na perspectiva da educação inclusiva. Brasília, DF: Ministério da Educação, 2015b. Disponível em: http://portal.mec.gov.br/index.php?option=com_docman&view=-download&alias=17237-secadi-documento-subsidiario-2015&Itemid=30192. Acesso em: 25 de nov. 2017.

BAPTISTA, José António Lages Salgado. **A invenção do Braille e a sua importância na vida dos cegos**. Lisboa: Comissão Braille, 2000. Disponível em: https://www.deficienciavisual.pt/r-LouisBraille-invencao_do_braille-JoseAntonioBaptista.htm. Acesso em: 10 jul. 2023.

BEZERRA, Giovani Ferreira; ARAUJO, Doracina Aparecida de Castro. Novas (re) configurações no Ministério da Educação: entre o fio de Ariadne e a mortalha de Penélope. **Revista Brasileira de Educação**, Rio de Janeiro, v. 19, n. 56, p. 101-122, jan./mar. 2014.

BIANCHETTI, Lucídio. Um olhar sobre a diferença: as múltiplas maneiras de olhar e ser olhado e suas decorrências. **Revista Brasileira de Educação Especial**, [*s. l.*], v. 8, n. 21, p. 1-8, 2002.

BRUMER, Anita; PAVEI, Katiuci; MOCELIN, Daniel Gustavo. Saindo da "escuridão": perspectivas da inclusão social, econômica, cultural e política dos portadores de deficiência visual em Porto Alegre. **Sociologias**, Porto Alegre, v. 6, n. 11, p. 300-327, 2004.

CAMINHA, Roberta Costa; LAMPREIA, Carolina. Autismo: um transtorno de natureza sensorial. **Psicologia Clínica**, Rio de Janeiro, v. 21, n. 2, p. 493-504, 2008.

SONZA, Andrea Poletto et al. Projeto de Acessibilidade Virtual no IFRS. **Revista Viver IFRS**, v. 2, n. 2, p. 12-17, 2014.

CERQUEIRA, Jonir Bechara. O legado de Louis Braille. **Revista Benjamin Constant, Rio de Janeiro**, 2009. Disponível em: http://revista.ibc.gov.br/index.php/BC/article/view/440. Acesso em: 10 jun. 2023.

CHAGAS, Ana Maria de Resende; VIOTTI, Renato Baumgratz. Retrato da pessoa com deficiência no Brasil segundo o Censo de 1991-2003. **Texto para Discussão/ Instituto de Pesquisa Econômica Aplicada**, Brasília, DF, n. 975, p. 1-37, 2003. Disponível em: http://repositorio.ipea.gov.br/handle/11058/2920. Acesso em: 5 set. 2017.

COSTA, Fernando Albuquerque *et al.* **Repensar as TIC na educação**: o professor como agente transformador. Lisboa: Santillana, 2012.

COOK, Albert M.; HUSSEY, Susan M. **Assistive technologies**: principles and practice. v. 1. St. Louis: Mosby, 2002.

D'ABREU, João Vilhete Viegas. Orientação espacial no campus da Unicamp: diretrizes para o desenvolvimento de um mapa de uso tátil e sonoro como ferramenta de auxílio ao percurso do usuário com deficiência visual. **NIED Unicamp**, [*s. l.*], 2023. Disponível em: https://www.nied.unicamp.br/projeto/orientacao-espacial--no-campus-da-unicamp-desenvolvimento-de-um-mapa-de-uso-tatil-e-sonoro/. Acesso em: 10 jun. 2023.

DI NUBILA, Heloisa Brunow Ventura; BUCHALLA, Cassia Maria. O papel das Classificações da OMS-CID e CIF nas definições de deficiência e incapacidade. **Revista Brasileira de Epidemiologia**, São Paulo, v. 11, p. 324-335, 2008.

FONSECA, Vitor da. **Cognição, neuropsicologia e aprendizagem**: abordagem neuropsicológica e psicopedagógica. Petrópolis, RJ: Vozes, 2007.

FRANCO, João Roberto; DIAS, Tárcia Regina da Silveira. A educação de pessoas cegas no Brasil. **Avesso do Avesso**, Araçatuba, v. 5, n. 5, p. 74-82, 2007.

GATTI, Bernardete A. Formação de professores: condições e problemas atuais. **Revista internacional de formação de professores**, Itapetininga, v. 1, n. 2, p. 161-171, 2016.

GALVÃO FILHO, Teófilo Alves. Tecnologia assistiva: favorecendo o desenvolvimento da aprendizagem em contextos educacionais inclusivos. *In*: GIROTO, Rosimar Bortolini Poker; OMOTE, Sadao. **As tecnologias nas práticas pedagógicas inclusivas**. Marília, SP: Cultura Acadêmica, 2012. p. 65-92.

GIL, Marta (org.). **Deficiência visual**. Brasília, DF: MEC, 2000.

GONÇALVES, Patrícia Soares de Pinho *et al.* Inclusão da família: premissa básica no atendimento educacional precoce à criança deficiente visual no Instituto Benjamin Constant. *In*: MONTEIRO, André Jacques Martins (org.). **Instituto Benjamin Constant práticas pedagógicas no cotidiano escolar**: desafios e diversidade. Rio de Janeiro: Instituto Benjamin Constant, 2014. p. 110-120.

GONZÁLEZ, Eugenio. **Necessidades educacionais específicas**: intervenção psicoeducacional. Porto Alegre: Artmed Editora, 2007.

GRIFIN, Harold C.; GERBER, Paul J. Desenvolvimento tátil e suas implicações na educação de crianças cegas. **Benjamin Constant**, Rio de Janeiro, n. 5, p. 1-6, 1996.

IBGE, 2002. Instituto Brasileiro de Geografia e Estatística. Censo Demográfico 2000: características gerais da população, religião e pessoas com deficiência. Disponível em: http://www.ibge.gov.br/home/estatistica/populacao/default_censo_2000.shtm. Acesso em: 5 jan. 2017.

____, 2010. Instituto Brasileiro de Geografia e Estatística. Censo Demográfico 2010: características gerais da população, religião e pessoas com deficiência. Disponível em: http://www.ibge.gov.br/home/estatistica/populacao/censo2010/default.shtm. Acesso em: 10 jun. 2023.

____, 2012. Instituto Brasileiro de Geografia e Estatística. Censo Demográfico 2010: características gerais da população, religião e pessoas com deficiência. Disponível em: http://www.ibge.gov.br/home/estatistica/populacao/censo2010/default.shtm. Acesso em: 10 jan. 2017.

____. 2012a. Cartilha do Censo 2010 – Pessoas com Deficiência / Luiza Maria Borges Oliveira / Secretaria de Direitos Humanos da Presidência da República (SDH/PR) / Secretaria Nacional de Promoção dos Direitos da Pessoa com Deficiência (SNPD) / Coordenação-Geral do Sistema de Informações sobre a Pessoa com Deficiência; Brasília: SDH-PR/SNPD, 2012.

____,**2019. IBGE Pesquisa Nacional de Saúde (PNS) 2019.** Disponível em: <http://www.ibge.gov.br/busca.html?searchword=deficiencia+visual>. Acesso em: abr. 2022.

INEP – Instituto Nacional de Estudo e Pesquisas Educacionais Anísio Teixeira. **Sinopse Estatística da Educação Básica 2016**. Brasília: Inep, 2016. Disponível em: https://www.gov.br/inep/pt-br/acesso-a-informacao/dados-abertos/sinopses-estatisticas/educacao-basica. Acesso em: 11 jun. 2023.

INEP – Instituto Nacional de Estudo e Pesquisas Educacionais Anísio Teixeira. **Sinopse Estatística da Educação Básica 2017**. Brasília: Inep, 2017. Disponível em: https://www.gov.br/inep/pt-br/acesso-a-informacao/dados-abertos/sinopses-estatisticas/educacao-basica. Acesso em: 15 maio 2022.

INEP – Instituto Nacional de Estudo e Pesquisas Educacionais Anísio Teixeira. **Sinopse Estatística da Educação Básica 2018**. Brasília: Inep, 2018. Disponível em: https://www.gov.br/inep/pt-br/acesso-a-informacao/dados-abertos/sinopses-estatisticas/educacao-basica. Acesso em: 22 maio 2022.

INTERNATIONAL CARTOGRAPHIC ASSOCIATION. **Multilingual dictionary of technical terms in cartography**. Paris: 1973.

INSTITUTO BENJAMIN CONSTANT- IBC. Disponível em: https://www.gov.br/ibc/pt-br/composicao-1/departamentos-do-ibc/departamento-tecnico-especializado-dte/dpme/divisao-de-desenvolvimento-e-producao-de-material-especializado-dpme. Acesso em: 20 jul. 2018.

LANNA JÚNIOR, Mário Cléber Martins (ed.). **História do movimento político das pessoas com deficiência no Brasil**. Brasília, DF: Secretaria de Direitos Humanos, Secretaria Nacional de Promoção dos Direitos da Pessoa com Deficiência, 2010.

LEAL, Daniela. **Compensação e cegueira**: um estudo historiográfico. Jundiaí, SP: Paco Editorial, 2015.

LEÃO JUNIOR, Wandelcy; GATTI, Giseli Cristina do Vale. História de uma instituição educacional para o deficiente visual: o Instituto de Cegos do Brasil Central de Uberaba (Minas Gerais, Brasil, 1942-1959). **História da Educação**, Porto Alegre, v. 20, p. 389-409, 2016.

LÉVY, Pierre. **A inteligência coletiva**. 4. ed. São Paulo: Edições Loyola, 2011.

LIRA, Miriam Cristina Frey de; SCHLINDWEIN, Luciane Maria. **A pessoa cega e a inclusão**: um olhar a partir da psicologia histórico-cultural. **Cad. Cedes.**, Campinas, v. 28, n. 75, p. 171-190, maio/ago. 2008. Disponível em: https://www.scielo.br/j/ccedes/a/7YjyWBtNkLdHRRHjvfSCvpC/?format=pdf&lang=pt. Acesso em: 18 jun. 2017.

LOCH, Ruth Emilia Nogueira. Cartografia tátil: mapas para deficientes visuais. **Portal da cartografia**, Londrina, v. 1, n. 1, p. 35-58, 2008.

LOWENFELD, Berthold. **Our blind children**: growing and learning wtih them. Springfield, Illinois: Charles C. Thomas, 1971.

LOWENFELD, Berthold. **Berthold Lowenfeld on blindness and blind people**: selected papers. Nova Iorque: American Foundation for the Blind, 1981.

LUCENA, Carlos. O pensamento educacional de Émile Durkheim. **Revista HISTEDBR On-line**, Campinas, v. 10, n. 40, p. 295-305, ago. 2012. Disponível em: https://periodicos.sbu.unicamp.br/ojs/index.php/histedbr/article/view/8639820. Acesso em: 13 set. 2017.

LURIA, Aleksandr Romanovich. **Higher cortical functions in man**. 2. ed. Estados Unidos: Springer US, 2012.

MACHADO, Sídio Werdes Sousa. **Produção e avaliação de materiais acessíveis no processo ensino-aprendizagem de ciências e biotecnologia para deficientes visuais**. 2015. 225 f. Tese (Doutorado em Ciências e Biotecnologia) – Universidade Federal Fluminense, Niterói, 2015.

MACHADO, Sídio Werdes Sousa; MELLO, Humberto Bethoven Pessoa de. A construção de imagens mentais através da aprendizagem mediada de Vygotsky, utilizando mapas táteis - sonoros com alunos invisuais. *In*: CONGRESSO INTERNACIONAL DE EDUCAÇÃO, INCLUSÃO E INOVAÇÃO, 5., 2017, Lisboa. **Trabalho** [...]. Lisboa: Associação Nacional de Docentes de Educação Especial, 2017.

MANTOAN, Maria Teresa Eglér. **O desafio das diferenças nas escolas**. Petrópolis, RJ: Editora Vozes, 2010.

MAROCO, João. **Análise estatística**: com utilização do SPSS. Lisboa: Edições Sílabo, 2007.

MARTÍNEZ, Albertina Mitjáns; TACCA, Maria Carmen V. R. **Possibilidades de aprendizagem**: ações pedagógicas para alunos com dificuldade e deficiência. Campinas: Alínea, 2011.

MARTINS, Lúcia de Araújo Ramos. **História da educação de pessoas com deficiência**: da antiguidade ao início do século XXI. Campinas, SP: Mercado de Letras, 2015.

MAZZOTTA, Marcos José da Silveira. **Educação especial no Brasil**: história e políticas públicas. São Paulo: Cortez Editora, 1995.

MAZZOTTA, Marcos José da Silveira. **Educação especial no Brasil**: história e políticas públicas. 3. ed. São Paulo: Cortez, 2001.

MENDONÇA, Alberto *et al.* **Alunos cegos e com baixa visão**: orientações curriculares. Lisboa: Direção-Geral de Inovação e de Desenvolvimento Curricular, 2008.

MENDONÇA, Sueli Guadalupe de Lima; MILLER, Stela. **Vigotski e a escola atual**: fundamentos teóricos e implicações pedagógicas. Araraquara, SP: Junqueira & Marin, 2006.

MINISTÉRIO DO MEIO AMBIENTE. 2009. Disponível em: https://www.gov.br/mma/pt-br. Acesso em 20 jan. 2017.

MONTAGU, Ashley. **Tocar**: o significado humano da pele. São Paulo: Summus, 1988.

MONTEIRO, André Jacques Martins (org.). **Instituto Benjamin Constant práticas pedagógicas no cotidiano escolar**: desafios e diversidade. Rio de Janeiro: Instituto Benjamin Constant, 2014. 156 p.

MUNIZ, Iana. **Neurociência e os exercícios mentais**: estimulando a inteligência criativa. Rio de Janeiro: Wak Editora, 2014.

NAÇÕES UNIDAS. ONU News. Perspectiva Global Reportagens Humanas. [8 de outubro, 2019]. Disponível em: https://news.un.org/pt/story/2019/10/1690122. Acesso em: 11 dez. 2020.

NOGUEIRA, Ruth Emilia. Mapas táteis padronizados e acessíveis na web. **Benjamin Constant**, Rio de Janeiro, n. 43, artigo 2, p. 1-16, 2009.

NOGUEIRA, Ruth Emilia (org.). **Motivações hodiernas para ensinar Geografia**: representações do espaço para visuais e invisuais. Florianópolis: [*s. n.*], 2009.

NOGUEIRA, Ruth E. **Cartografia**: representação, comunicação e visualização de dados espaciais. Florianópolis: Ed. UFSC, 2008.

NUERNBERG, Adriano Henrique. Contribuições de Vigotski para a educação de pessoas com deficiência visual. **Psicologia em Estudo**, Maringá, v. 13, p. 307-316, 2008.

OLIVEIRA, Italo Pena de *et al.* Estratégias e desafios em prevenção à cegueira e deficiência visual. **Medicina**, Ribeirão Preto, v. 55, n. 2, p. 95-102, 2022.

OLIVEIRA, Jane Souto de. Brasil mostra a tua cara": imagens da população brasileira nos censos demográficos de 1872 a 2000. **Rio de Janeiro: Escola Nacional de Ciências Estatísticas**, 2003.

OMS – Organização Mundial da Saúde. **Constituição da Organização Mundial da Saúde**. Nova Iorque: OMS, 1946. Disponível em: https://edisciplinas.usp.br/pluginfile.php/5733496/mod_resource/content/0/Constitui%C3%A7%C3%A3o%20da%20Organiza%C3%A7%C3%A3o%20Mundial%20da%20Sa%C3%BAde%20%28WHO%29%20-%201946%20-%20OMS.pdf. Acesso em: 27 out. 2017.

OMS – Organização Mundial da Saúde. **Classificação internacional de deficiências, incapacidades e desvantagens**: manual de classificação das consequências da doença. Genebra: OMS, 1995.

OMS – Organização Mundial da Saúde. **Resolução CE154.R9**. Plano de ação para a prevenção da cegueira e das deficiências visuais. Washington, DC: Organização Pan-Americana da Saúde, 2014. Disponível em: http://www.paho.org/hq/index.php?option=com_docman&task=doc_dowload&gid=25983&iemid=270&lang=pt. Acesso em: 22 nov. 2017.

OMS – Organização Mundial da Saúde. **Relatório mundial sobre a visão**. Genebra: OMS, 2019. Disponível em: https://apps.who.int/iris/bitstream/handle/10665/328717/9789241516570-por.pdf. Acesso em: 10 jun. 2023.

PASCOLINI, Donatella; MARIOTTI, Silvio Paolo. Global estimates of visual impairment: 2010. **British Journal of Ophthalmology**, Londres, v. 96, n. 5, p. 614-618, 2012.

PEREIRA, Ray. Differently abled: difference and the historical model of the standard man. **História, Ciências, Saúde**, Manguinhos, v. 16, n. 3, p. 715-728, 2009. Disponível em: https://pubmed.ncbi.nlm.nih.gov/20614673/. Acesso em: 25 ago. 2017.

PEREIRA, Éverton Luís; BARBOSA, Livia. Índice de funcionalidade brasileiro: percepções de profissionais e pessoas com deficiência no contexto da LC 142/2013. **Ciência & Saúde Coletiva**, Rio de Janeiro, v. 21, p. 3017-3026, 2016.

PIAGET, Jean. Desenvolvimento e aprendizagem. **Studying teaching**, p. 1-8, 1972.

PIAGET, Jean. O nascimento da inteligência na criança. **mental**, v. 258, p. 259, 1986.

PINOCHET, Luis. **Tecnologia da informação e comunicação**. Rio de janeiro: Elsevier, Brasil, 2014.

REED, Stephen K.; GERBINO, Walter. **Psicologia cognitiva**. Bologna: Il mulino, 1994.

RANGEL, Maria Luíza *et al.* Deficiência visual e plasticidade no cérebro humano. **Revista Psicologia: Teoria e Prática**, São Paulo, v. 12, n. 1, p. 197-207, 2010.

RÉGIS, Tamara de Castro. **Um estudo para elaboração de atlas municipal na perspectiva da educação geográfica inclusiva**: o atlas adaptado do município de Florianópolis. Dissertação (Mestrado em Geografia) – UFSC, Florianópolis, 2016.

REIS, Michele Xavier dos; EUFRÁSIO, Daniela Aparecida; BAZON, Fernanda Vilhena Mafra. A formação do professor para o ensino superior: prática docente com alunos com deficiência visual. **Educação em Revista**, Belo Horizonte, v. 26, n. 1, p. 111-130, 2010.

ROY, Noëlle. Louis Braille 1809–1852, a French genius. **Valentin Haüy Association website**, [*s. l.*], 2009. Disponível em: https://www.avh.asso.fr/fr/lassociation. Acesso em: 19 set. 2017.

SANCHEZ, Miguel Cezar. Conteúdo e eficácia da imagem gráfica. **Boletim de Geografia Teorética**, Rio Claro, v. 11, n. 21/22, p. 74-80, 1981.

SANTOS, Sueli Souza dos. **Linguagem e subjetividade do cego na escolaridade inclusiva.** 2007. Tese (Doutorado em Educação) – Universidade Federal do Rio Grande do Sul, Porto Alegre, 2007.

SANTOS, Tiago Henrique Lima dos; VERASZTO, Estéfano Vizconde. Neurociência cognitiva no processo de aprendizagem de alunos com deficiência visual: desenvolvimento de experimento com fluidos para o ensino de física. *In*: ENCONTRO DE PESQUISA EM ENSINO DE FÍSICA, 15., 2014, Maresias. **Trabalho** [...]. Maresias: EPEF, 2014. Disponível em: https://www.researchgate.net/publication/267810966_NEUROCIENCIA_COGNITIVA_NO_PROCESSO_DE_APRENDIZAGEM_DE_ALUNOS_COM_DEFICIENCIA_VISUAL_DESENVOLVIMENTO_DE_EXPERIMENTO_COM_FLUIDOS_PARA_O_ENSINO_DE_FISICA. Acesso em: 10 jun. 2023.

SARTORETTO, Mara Lúcia; BERSCH, Rita. O que é tecnologia assistiva. **Assistiva: Tecnologia e Educação,** [*s. l.*], 2023. Disponível em: https://www.assistiva.com.br/tassistiva.html. Acesso em: 10 jun. 2023.

SARTORETTO, Mara Lúcia; BERSCH, Rita. **A educação especial na perspectiva da inclusão escolar**: recursos pedagógicos acessíveis e comunicação aumentativa e alternativa. Brasília, DF: Ministério da Educação, 2010.

SATTO, Larissa Horikawa. **Acessibilidade e resolutividade em assistência oftalmológica para o SUS**. Tese (Doutorado em Bases Gerais da Cirurgia) – Unesp, Botucatu, 2015.

SBVSN – Sociedade Brasileira de visão subnormal. O que é. **Soc. Bras. Vis. Sub.**, [*s. l.*], 2023. Disponível em: http://visaosubnormal.org.br/oquee.php. Acesso em: 18 jun. 2023.

SENNE, Tiago de Oliveira. A ruptura do pensamento de Diderot com o deísmo: crítica ao argumento do desígnio para a defesa de uma cosmologia materialista na Carta sobre os cegos. **Primeiros Escritos**, São Paulo, v. 8, n. 1, p. 195-207, 2017. Disponível em: https://www.revistas.usp.br/primeirosescritos/article/view/136808. Acesso em: 23 nov. 2017.

SILVA, Otto Marques da. **A epopeia ignorada**: a pessoa deficiente na história do mundo de ontem e de hoje. São Paulo: CEDAS, 1987. Disponível em: https://www.academia.edu/32230464/A_EPOP%C3%89IA_IGNORADA_A_Pessoa_Deficiente_na_Hist%C3%B3ria_do_Mundo_de_Ontem_e_de_Hoje. Acesso em: 10 set. 2017.

SONZA, Andréa Poletto; SANTAROSA, Lucila Maria Costi. **Ambientes de Aprendizagem digitais acessíveis a invisuais: análise do processo de mediação numa perspectiva vygostkiana.** *In*: VII Congresso Iberoamericano de Informatica Educativa. 2004.

SONZA, Andréa Poletto; SANTAROSA, Lucila Maria Costi. Ambientes de Aprendizagem digitais acessíveis a invisuais: análise do processo de mediação numa perspectiva vygostkiana. In: **VII Congresso Iberoamericano de Informatica Educativa**. 2004.

SONZA, Andréa Poletto; SANTAROSA, Lucila Maria Costi. Ambientes de aprendizagem digitais acessíveis a invisuais: análise do processo de mediação numa perspectiva vygostkyana. *In:* **VII Congresso Iberoamericano de Informatica Educativa**. 2004.

SONZA, Andrea Poletto et al. Projeto de Acessibilidade Virtual no IFRS. **Revista Viver IFRS**, v. 2, n. 2, p. 12-17, 2014.

SONZA, Andréa Poletto; SALTON, Bruna Poletto; STRAPAZZON, Jair Adriano. **O uso pedagógico dos recursos de tecnologia assistiva**. Bento Gonçalves, RS: Companhia Rio-Grandense de Artes Gráficas, 2015.

SOUSA, Alberto Barros de. **Problemas de visão e atividades pedagógicas**: para a sua inclusão na infantil e no 1º ciclo. Lisboa: Instituto Piaget, 2011.

Stevens, Gretchen A et al. "Global prevalence of vision impairment and blindness: magnitude and temporal trends, 1990-2010." *Ophthalmology,* v. 120 n. 12, p. 2377-2384, 2013. DOI: 10.1016/j.ophtha.2013.05.025.

TANAMACHI, Elenita de Ricio. A mediação da psicologia histórico-cultural na atividade de professores e do psicólogo. *In*: MENDONÇA, Stela Miller; LIMA, Sueli Guadalupe (org.). **Vigotski e a escola atual**: fundamentos teóricos e implicações pedagógicas. ed. 2. Araraquara, SP: Junqueira & Marin, 2006. p. 65-84.

VENTORINI, Sílvia Elena. **A experiência como fator determinante na representação espacial do deficiente visual**. Dissertação (Mestrado em Geografia) – Universidade Estadual Paulista, Rio Claro, SP, 2007.

VENTORINI, Silvia Elena; FREITAS, Maria Isabel Castreghini de. Representação espacial e ausência de visão: relato de experiência. VENTORINI, Silvia Elena; FREITAS, Maria Isabel Castreghini de (org.). **Cartografia tátil**: orientação e mobilidade às pessoas com deficiência visual. 1. ed. Jundiaí: Paco Editorial, 2011. p. 31-60.

VYGOTSKY, Lev Semionovitch. Tratado de defectología. **Obras completas**, v. 5, 1995.

VYGOTSKY, Lev Semenovich. Tratado de defectología. **Obras completas**, v. 5, 1995.

VIGOTSKI, Lev Semenovich. Obras completas: Fundamentos da Defectologia. Tomo V. 2. ed. Ciudad de La Habana, Cuba: Editorial Pueblo y Educación, 1997.

VYGOTSKY, Lev Semionovitch. **Pensamento e linguagem**. São Paulo: Martins Fontes, 2008.

VYGOTSKY, Lev Semionovitch. **A formação social da mente**: o desenvolvimento dos processos psicológicos superiores. Tradução: José Cipolla Neto, Luís Silveira Menna Barreto, Solange Castro Afeche. São Paulo: Martins Fontes, 1998.

WHO – World Health Organization. World report on vision. Genebra: WHO, 2019.

WHO – World Health Organization. Blindness and vision impairment. **WHO**, [*s. l.*], 13 out. 2022. Disponível em: https://www.who.int/news-room/fact-sheets/detail/blindness-and-visual-impairment. Acesso em: 9 mar. 2022.

WHO – World Health Organization. Eye care, vision care, vision impairment and blindness. **WHO**, [*s. l.*], 2023. Disponível em: https://www.who.int/health-topics/blindness-and-vision-loss#tab=tab_1. Acesso em: 10 mar. 2022.

NAÇÕES UNIDAS. ONU News. Perspectiva Global Reportagens Humanas. [08de outubro, 2019]. Disponível em: https://news.un.org/pt/story/2019/10/1690122. Acesso em: 11 dez. 2020.

SOBRE O AUTOR

Mestrado Profissional em Diversidade e Inclusão pela Universidade Federal Fluminense (UFF). Pós-Graduado (lato sensu) em Psicopedagogia da Educação pela Universidade de Habana (Cuba). Pós-Graduado no curso de Tecnologia Educacional pela Associação Educacional Plínio Leite. Graduado em História pela Faculdade de Humanidade Pedro II. Licenciado em Pedagogia pelo Instituto Mineiro de Educação Superior (IMES). Curso de Especialização pelo Instituto Benjamim Constant (IBC) na área de Deficiência Visual. Coordenou a educação especial do município de São Gonçalo, RJ. Professor da rede pública de São Gonçalo, RJ. Atua como pesquisador no Laboratório de Cartografia Tátil Escolar (LabTATE) da UFSC, SC.

Orcid: 0000-0001-5990-685X